Javier Zanetti

Capitano e gentiluomo

Proprietà letteraria riservata
© 2009 RCS Libri S.p.A., Milano

ISBN 978-88-17-04456-1

Prima edizione Rizzoli 2003
Prima edizione BUR giugno 2010

Parte del ricavato dei diritti d'autore sarà devoluto alla Fundación Pupi.

Per conoscere il mondo BUR visita il sito **www.bur.eu**

Capitano e gentiluomo

Martín

Appena ci vede arrivare, Martín scatta in piedi e inizia a correre come un furetto. «Javier! Paula!» urla mentre ci viene incontro per abbracciarci. Rimango di stucco, e non per tutto quell'affetto smisurato e spontaneo che ricevo, ma perché Martín, fino a qualche mese fa, non riusciva a parlare. Sordomuto. Dalla sua bocca uscivano soltanto suoni informi, e comunicare con lui era pressoché impossibile. A soli tre anni era già un emarginato sociale. Un bambino senza futuro. Appena nato e subito escluso dal mondo. Eppure la situazione di Martín non era così grave. Il problema è che nessuno si era mai occupato sul serio di lui, nessuno si era mai interessato alla sua situazione. Come se il suo destino fosse già segnato per sempre e non ci fosse possibilità di una svolta. Invece è bastato poco per curarlo. Nel giro di un anno Martín è rinato. Prima l'intervento di un medico pediatra che ha diagnosticato il suo problema; poi la donazione di un benefattore per acquistare l'apparecchio acustico; e infine l'aiuto di un logopedista per insegnargli a parlare.

Tre tappe scontate per un qualsiasi bambino nato nel mondo ricco, ma quasi una chimera per chi è cresciuto in un posto che non offre nulla, dove anche le più elementari regole igieniche e alimentari sono pressoché inesistenti.

Martín è uno degli oltre centocinquanta bambini che ogni pomeriggio accogliamo alla Fondazione Pupi. Arrivano tutti dalla Traza, un quartiere di Remedios de Escalada nel distretto di Lanús, una *favela* di pianura formata da cinque *villas*, cinque quartieri poveri, dove manca tutto. La Traza conta circa cinquemila abitanti, di cui la stragrande maggioranza delle famiglie vive sotto la soglia di povertà. Droga, violenza, gravidanze precocissime sono all'ordine del giorno. Acqua corrente ed elettricità rappresentano una sorta di lusso. Non ci sono asili né centri di assistenza medica, manca il pronto soccorso. Si vive d'espedienti, al limite della sopravvivenza. Héctor, Jonatan, Micaela, Ezequiel, Augustina, Jimena, Emiliano, Santiago, Nazarena, Karen e tutti gli altri arrivano da lì. Ogni volta che vado a trovarli è una festa. E ogni volta mi brilla il cuore. Perché adesso il loro avvenire non è più così nero, anche se la strada da percorrere è ancora tanta: tutti i giorni si presenta una nuova difficoltà, un nuovo scoglio da superare. Ma con l'aiuto di tutti, io credo che un mondo migliore sia ancora possibile. E se è vero che il nostro contributo sembra solo una goccia nell'oceano, è altrettanto vero che l'oceano è formato da tante piccole gocce.

A farmi coraggio sono i progressi quotidiani dei bambini. Ancora oggi mi rimbomba nelle orecchie quel «Javier!», pronunciato con tanto candore, quasi fosse la cosa più naturale del mondo. Martín adesso parla. Martín ce l'ha fatta. La sua storia è solo uno dei tanti piccoli successi che si consumano ogni giorno alla Fondazione. È l'esempio di come con l'impegno continuativo e con i sacrifici si possano raggiungere grandi risultati. Partire dal basso per arrivare in alto. È questa la filosofia della Fondazione. Concetti che ho avuto la fortuna di assimilare fin da bambino, durante la mia infanzia trascorsa a Dock Sud, periferia portuale di Buenos Aires. Anch'io sono nato in una famiglia povera, ma i miei genitori non mi hanno mai fatto mancare nulla. Il mio desiderio più grande ora è che anche i miei bambini della Fondazione ricevano lo stesso affetto di cui ho goduto io, e che abbiano la stessa opportunità di inseguire un sogno.

Proprio come è successo a me, quando da bambino correvo a perdifiato dietro a un pallone, quando tutto era ancora da scoprire e da inventare.

L'Inter: segni premonitori

La mia storia con l'Inter ha origini lontane.

Ero solo un bambino, e per me all'epoca il calcio significava Kempes e Passarella, Fillol e Bertoni, Tarantini e Ardiles. Gli eroi del Mondiale '78. E Diego Armando Maradona, ovviamente, il nuovo prodigio del *fútbol* argentino che Luis Menotti, il commissario tecnico di quella Nazionale, ritenne ancora troppo acerbo per indossare la *camiseta albiceleste*.

Ma il calcio, in quegli anni, per me s'identificava soprattutto con l'Independiente, la squadra per la quale stravedeva la mia famiglia. Questione di radici, di dna. Abitavamo a Dock Sud, uno dei sobborghi del *partido* di Avellaneda nella provincia di Buenos Aires, e per noi gente di porto il pallone era uno dei pochi svaghi per sfuggire alla miseria e alla triste realtà quotidiana. La scelta era quasi obbligata: o si era tifosi del Racing, o si andava pazzi per *Los diablos rojos*, i diavoli rossi dell'Independiente. È vero, qualcuno parteggiava per gli squadroni metropolitani, Boca o River, ma erano mosche bianche. Io mi innamorai dell'Independiente quasi senza accorgermene, come se fossi nato con quei colori impressi nei cromosomi. Una squadra non si sceglie: si ama da subito, incondizionatamente, senza se e senza ma. Così, ancora prima d'avere il lume della ragione, mi ritrovai a tifare per Ricardo Bochini, Antonio Alzamendi e Jorge Burruchaga.

Sono nato negli anni Settanta, e in quel decennio l'Independiente vinse tutto ciò che era possibile vincere. Campionati, Coppe Libertadores, Coppe Intercontinentali. Eppure, nonostante i successi a ripetizione, i tifosi storici avevano ancora sul gozzo due partite giocate qualche anno prima, due incontri che nessuno riusciva a dimenticare: per due volte di fila, tra il 1964 e il 1965, l'Independiente arrivò in finale di Coppa Intercontinentale, il trofeo che assegna il titolo di campione del mondo per club. Sempre contro l'Inter, la Grande Inter di Herrera, di Facchetti, di Corso e Mazzola. Ed entrambe le volte furono i nerazzurri a trionfare, al termine di sfide infuocate e leggendarie (all'epoca la finale si disputava in due incontri, andata e ritorno, e in caso di parità si andava alla «bella») rimaste indelebilmente impresse nella memoria collettiva.

Anche se non le vidi, l'eco di quelle partite si fece sentire per anni, attraverso i racconti di padri e nonni. Lo smacco di aver perso per due volte consecutive contro una squadra italiana, e per di più allenata da un argentino giramondo, Helenio Herrera, era difficile da digerire. Il mio primo incontro con l'Inter fu quindi abbastanza traumatico: i nerazzurri all'epoca rappresentavano il nemico, la squadra che aveva infranto il nostro primo sogno mondiale. Ma l'astio e, in alcuni

L'Inter: segni premonitori

casi, l'odio, lasciavano spesso posto anche al rispetto. L'Inter, dopotutto, era la squadra che era riuscita a battere per due volte di seguito l'Independiente. Cosa rara in quegli anni.

Per diverso tempo l'Inter fu però soltanto un nome, una specie di fantasma che aleggiava nelle nostre menti di bambini. All'epoca la televisione non trasmetteva le partite del campionato italiano, e quindi bisognava giocare con la fantasia. Dell'Inter sapevo poco, o nulla. Da qualche parte vidi alcune foto, e ricordo che rimasi folgorato dallo stadio San Siro, un impianto così imponente da incutere paura solo a guardarlo. E pensare che adesso è quasi casa mia.

L'oblio durò fino a metà degli anni Ottanta, quando finalmente in televisione cominciarono a passare qualche partita del campionato italiano. Tutto merito di Diego Armando Maradona e del suo trasferimento al Napoli. Grazie al *Pibe de oro* la Serie A diventò uno dei tornei più seguiti in Argentina. Molti di noi si dividevano addirittura tra il tifo per la squadra del cuore e il Napoli, formazione già amata perché, anni prima, accolse tra le sue fila un altro grande calciatore argentino e pupillo dei tifosi dell'Independiente, Daniel Bertoni. Ma anche l'Inter riscosse successo, visto che Daniel Passarella, il capitano della *Selección* campione del mondo nel 1978, andò a giocare proprio con i nerazzurri che in questo modo, a Dock Sud, feudo dei diablos rojos, diventarono ancora meno simpatici: Passarella era stato sì il condottiero, il *lider máximo* dell'Argentina *mundial*, ma anche un idolo del River Plate, una sorta di Juventus d'Argentina, squadra che dalle nostre parti non era vista proprio di buon occhio. Eppure, malgrado gli sgarbi del passato e la presenza di Passarella, a me l'Inter fece subito un'ottima impressione. E non lo dico perché adesso sono nerazzurro fin nel midollo. È questione di feeling. A sentire i vecchi tifosi dell'Independiente, i nerazzurri erano la classica squadra arrogante, presuntuosa e potente. Invece capii presto che si trattava di giudizi affrettati. E sbagliati. Trovai inoltre alcune affinità elettive con la mia formazione del cuore. Le storie dell'Inter e dell'Independiente vanno a braccetto. Sono entrambi club ribelli, nati da uno scisma. L'Independiente si formò nel Capodanno del 1905 per opera di commessi di un negozio di Buenos Aires, arrabbiati per non essere stati inseriti nella rappresentativa dei commercianti: ecco perché «indipendente». L'Inter fu fondata tre anni più tardi, nel 1908, da una quarantina di soci dissidenti del Milan che ne contestavano la politica che vietava di far giocare calciatori stranieri. E questo spirito in qualche modo indomito è sempre rimasto, storicamente, nella filosofia delle due società. Sono due club non allineati, borderline, bohémien: forti, vincenti, con un pizzico di pazzia e imprevedibilità.

Col passare del tempo, la prima «simpatia» infantile per i colori nerazzurri si trasformò in qualcosa di più intenso (ma non si poteva ancora chiamarlo amore). Quando ormai il calcio stava per diventare una parte fondamentale nella mia vita, non solo un semplice passatempo, all'Inter arrivò infatti un giocatore che ritengo ancora oggi il mio vero e unico modello: Lothar Matthäus, un tedesco di granito, capace di cambiare il corso delle partite a proprio piacimento. Un leader, un condottiero, uno che non mollava mai. Diceva di lui il mio amico Beppe Bergomi: «Se Lothar voleva vincere, quella partita si vinceva». Il suo nome cominciò a circolare in Argentina già a partire dal 1986: fu lui infatti a marcare Maradona nella finalissima del Mondiale messicano, il torneo che ci regalò il secondo titolo iridato; ma non bastò a fermare la classe del Pibe, che comunque ne venne molto limitato nel corso della partita. Più tardi la sfida con *Dieguito* si rinnovò nel campionato italiano. Alla fine degli anni Ottanta, mentre io ero poco più di un adolescente che sognava di diventare un calciatore professionista, Matthäus e Maradona erano gli emblemi di Inter e Napoli, squadre spesso in lotta per lo scudetto. Dalle mie parti tutti tifavano per Diego, ovviamente: per noi argentini lui è un dio ancora oggi, figurarsi all'epoca, sulla scia emotiva del successo al Mondiale. Anch'io, come tutti, stravedevo per Maradona, eppure non potevo nascondere il mio apprezzamento per Matthäus. In lui un po' mi rivedevo, o meglio, rappresentava il giocatore che avrei voluto diventare da grande: un trascinatore, l'anima della squadra.

E grazie a lui, in segreto, cominciai a diventare anch'io un po' interista.

¡Viva el fútbol!

> *¡Genio! ¡Genio! ¡Genio! ta-ta-ta-ta-ta-ta... Gooooooool... Gooooool... ¡Quiero llorar! ¡Dios Santo, viva el fútbol! ¡Golaaaaaaazoooooooo! ¡Diegoooooooool! ¡Maradona! Es para llorar, perdónenme...*
> Victor Hugo Morales

Buenos Aires, 22 giugno 1986. Casa Zanetti è in pieno trambusto. Mia madre Violeta non sa più come tenere a bada una mezza dozzina di ragazzini scalpitanti, tutti con la sciarpa dell'Argentina al collo. Siamo davanti alla televisione schierati come una squadra di calcio. Dietro, seduti sul divano, proprio mia madre (che nonostante la severità di facciata è la più agitata di tutti), mio padre Rodolfo Ignacio, che da qualche ora è come in trance (è sempre così prima delle partite importanti) e mio fratello Sergio (che in quanto fratello maggiore ha un posto di diritto sul divano). Davanti, accosciati o sdraiati sul pavimento, ci siamo noi giovani virgulti, amici d'infanzia cresciuti insieme a pallone e *mate*: Cacho, Luigi, *el Zurdo* (il mancino), Cristian e io, vestito da capo a piedi di biancazzurro.

Quella che sta per andare in onda in mondovisione non è una partita qualsiasi. Se ne parla da giorni, ovunque: nei bar, nelle piazze, nei cortili, al mercato.

Tutti hanno in mente un'unica cosa: battere gli inglesi. Il resto è noia e non conta più nulla. Perché Argentina-Inghilterra non è una semplice sfida di calcio: è la resa dei conti, è la rivincita sul campo dell'obbrobrio che si era consumato solo quattro anni prima. Il ricordo della guerra delle isole Malvinas (o delle Falkland, come le chiamano gli inglesi), con il suo carico di morti e grotteschi anacronismi, è ancora vivissimo in tutti noi. Gli inglesi rappresentano il nemico, ma oggi possiamo contare su un generale riccioluto e tarchiato, con il numero 10 sulle spalle. Al Pibe de oro, a Diego Armando Maradona, sono affidate tutte le nostre speranze.

«¡*Vamos Argentina, vamos!*» è il coro che si leva forte da ogni casa appena l'arbitro fischia l'inizio. Si trepida, si urla, si tifa. È come se allo stadio Azteca di Città del Messico ci fossero milioni di argentini. Seguiamo la diretta incollati al televisore, le parole di Victor Hugo Morales, il telecronista ufficiale della Selección, scandiscono ogni azione dell'incontro. Il primo tempo finisce 0-0, ma l'equilibrio si spezza dopo pochi minuti della ripresa.

Chi dice che il calcio si riduce a ventidue atletici giovanotti in pantaloncini che tirano pedate a un pallone probabilmente non ha mai vissuto momenti come quel pomeriggio di giugno. In quattro minuti, dal 51° al 55°, l'Argentina vola in paradiso. È la nostra rivincita, è la catarsi di un intero Paese. Quando Diego inganna il portiere inglese Peter Shilton, una leggenda dei «leoni di sua maestà», toccando il pallone con la mano, ci liberiamo da un incubo. La *mano de Dios*: una beffa atroce per gli inglesi, per noi la vendetta freddissima e spietata per la violazione delle Malvinas. Uno a zero, palla al centro. Nemmeno il tempo di risedersi sul pavimento dopo gli sfrenati festeggiamenti e l'«uomo che pensava con i piedi», come lo definì lo scrittore Osvaldo Soriano, entra definitivamente nel mito. Parte da metà campo, dribbla tutta la difesa inglese, aggira Shilton e segna il 2-0. In casa mia per qualche secondo stanno tutti zitti, come in estasi. Certe meraviglie, per apprezzarle, hanno bisogno del silenzio. E quel gol di Maradona, il gol più bello della storia del calcio, merita la contemplazione che si deve a un'opera d'arte o a un panorama mozzafiato. Non so quante volte ho rivisto quell'azione, e neppure so quante volte ho sognato di essere protagonista di una simile: scartare tutti i giocatori, saltare il portiere e mettere la palla in fondo al sacco. «*¿De qué planeta viniste? ¡Para dejar en el camino a tanto inglés! ¡Para que el país sea un puño apretado, gritando por Argentina!... Argentina 2 - Inglaterra 0.*» Da che pianeta sei venuto per sbarrare il cammino agli inglesi? Perché il Paese è un pugno chiuso che urla per l'Argentina: Argentina 2, Inghilterra 0! Il commento di Morales è diventato la colonna sonora di quegli anni.

Dopo i tempi bui dei Generali, quando era complicato persino uscire di casa, l'Argentina stava ritrovando la strada verso una nuova felicità. Il ritorno alla democrazia con l'avvento del presidente Raúl Alfonsín, nel 1983, aveva ridato fiducia al Paese. E il calcio ebbe un ruolo fondamentale nella ricostruzione seguita agli anni difficili della dittatura. Già nel 1978, in pieno regime, la vittoria al Mondiale fu un toccasana per tutta la popolazione. Ero piccolo, ma ricordo che in quei giorni tutti erano più allegri: grazie al calcio si riuscì a dimenticare almeno per un po' i tanti problemi che ci strangolavano. La vittoria nel 1986 fu invece una specie di rigenerazione, l'apice della gioia. La democrazia era tornata da tre anni, ma a cementare veramente il Paese da un capo all'altro fu Maradona. Dieguito divenne il simbolo di un brio e di un'armonia ritrovati, l'emblema di una nazione che per anni aveva dovuto sopportare sofferenze e angherie, e che ora era riuscita a riscattarsi e a recuperare la libertà perduta.

I festeggiamenti per la vittoria contro gli inglesi durarono intere settimane. Quando l'Argentina vinceva, il giorno seguente nessuno andava a lavorare. Festa nazionale: tutto *el País* si bloccava. Noi argentini siamo fatti così, siamo passionali e sanguigni, e per la nostra patria saremmo disposti a fare qualsiasi cosa. Dopo il successo sull'Inghilterra, Buenos Aires si trasformò in una bolgia: un fiume di gente unita per la stessa causa, e tutto questo grazie a un ragazzo dai riccioli neri che aveva segnato due dei gol più memorabili della storia del calcio. Ma il ricordo più bello, il fatto che rese davvero l'Argentina un Paese nuovo fu la vittoria finale, il 3-2 alla Germania del «mio» Matthäus, con rete decisiva di Jorge Burruchaga, un idolo dell'Independiente. Quella sera andammo a festeggiare sotto l'Obelisco: c'era tutta Buenos Aires. Bambini, adulti, nonni, madri di famiglia. Milioni di persone in delirio, automobili scarburate parate di biancazzurro, magliette con il numero 10 che spuntavano come funghi, fuochi d'artificio, caroselli. Fu più di una semplice festa nazionale:

fu il tango della liberazione, l'inizio di una nuova era argentina.

Per settimane le radio, le televisioni, i giornali continuarono a parlare solo di quello, come se il tempo si fosse fermato. Potere del calcio. Ricordo ancora che chiunque per la strada si salutava al grido «¡*Campeones*!», sull'onda di un entusiasmo collettivo che aveva contagiato tutti, ricchi e poveri, operai e professori, portuali e impiegati.

E io, di notte, sognavo. Sognavo di essere Diego, di dribblare tutta la difesa avversaria, di saltare il portiere e segnare, per poi lanciarmi in un'esultanza senza freni e raccogliere l'abbraccio e l'urlo della folla. Sognai ancora per due anni, poi la mia carriera giunse a un bivio. O meglio, a un punto morto. A soli quindici anni, dopo essere riuscito a entrare nelle giovanili dell'Independiente, la mia squadra del cuore, mi ritrovai a spasso. Tagliato. Fatto fuori. Eliminato. Niente futuro per me tra le stelle della *Primera división* argentina. Motivo? «Il ragazzo è troppo magro, troppo gracile, troppo piccolo. Non ha speranza di sfondare nel calcio.»

Restai fermo un anno. Senza più toccare il pallone nemmeno per divertimento. Neppure con gli amici del campetto.

Costruire una casa, costruire un futuro

Ho iniziato a giocare come fanno tutti i bambini, in casa, spaccando lampadari e soprammobili, per la disperazione di mia madre che cercava in ogni modo di fermarmi, senza riuscirci. A contagiarmi fu mio fratello Sergio: lui era già una piccola promessa e con il pallone tra i piedi faceva meraviglie per uno della sua età. Il problema è che non avevamo un posto fisso e sicuro dove giocare. Bisognava accontentarsi di quello che passava il convento: o rimanevamo in casa aggirando le proibizioni materne, oppure si andava in strada. Ogni posto era buono per tirare due calci al pallone, anche se non erano proprio i tempi migliori per restarsene in giro. Con l'avvento della dittatura, nel 1976, c'era ben poco da stare allegri. Sono cresciuto in quel clima fosco, tra paure e preoccupazioni. Naturalmente ero troppo piccolo per capire, ma osservavo il mondo attorno a me, e intuivo che qualcosa non quadrava. Era difficile che una madre permettesse ai propri figli di uscire liberamente. Erano giorni carichi d'ansia, tra il timore di attentati e quello di non riuscire ad arrivare alla fine del mese. Vedevo i miei genitori affannarsi per garantirci tutto l'indispensabile per una vita decorosa. Non siamo mai stati ricchi, ma non ci è mai mancato nulla. Mio padre si alzava ogni giorno alle cinque di mattina per andare a lavorare nei cantieri. Professione: muratore, il lavoro a cui probabilmente mi sarei dedicato anch'io se avessi dato ascolto a chi aveva predetto per me un futuro lontano dal mondo del calcio. E per un breve periodo, muratore lo sono stato davvero. Verso i dodici anni cominciai infatti ad aiutare papà. Lavoretti da poco: impastavo la calce, davo una mano a trasportare i mattoni, facevo qualche ritocco qua e là.

Mi piaceva il lavoro di mio padre, mi piaceva soprattutto l'idea di fare qualcosa di concreto, e di utile. Costruire case, quando non è un semplice vezzo, significa anche dare un futuro a tanta gente. L'edificazione di una casa è sempre rimasta alla base della mia filosofia di vita: partire dal basso per arrivare in alto. Si comincia dalle fondamenta, poi si passa a impilare i mattoni, a tirare su le pareti, fino ad arrivare al tetto. È la stessa ideologia su cui poggia la Fondazione Pupi, la onlus che, anni più tardi, avrei creato insieme a mia moglie Paula per dare sostegno e riparo ai bambini poveri di Lanús, una delle zone più misere e martoriate di Buenos Aires. I bambini sono le nostra fondamenta, e se si vogliono case solide bisogna partire da loro.

Il primo esempio me lo diede mio padre. Quando eravamo ancora scolaretti, sotto la dittatura, nella nostra zona a Dock Sud non c'era nemmeno un campetto dove giocare a pallone. Ci arrangiavamo come potevamo, ma il sogno era avere uno spazio tutto nostro in cui noi piccoli affamati di fútbol potessimo dar sfogo alla nostra fantasia. Perché allora non sfruttare quello spiazzo brullo vicino a casa per costruire un parco giochi dotato di campo da calcio? L'idea venne a mio padre e in breve tempo il progetto si trasformò in realtà. Con tanta pazienza e volontà, forte della sua esperienza come muratore, papà, con l'aiuto di altri genitori, concretizzò il nostro sogno. Un campo da calcio nuovo di zecca, proprio a due passi da casa. Finalmente noi bambini avevamo trovato la nostra patria elettiva.

E su quel campetto a metà tra erba e sabbia cominciò tutto.

Ci abbiamo passato gran parte dell'infanzia. Ogni giorno, tutto il giorno. Partite infinite, a perdifiato. Creammo la nostra prima squadra, la formazione dei piccoletti di Dock Sud: la Disneyland. Un nome, un programma. Maradona è cresciuto con *Los Cebollitas*, le cipolline, io nella squadra degli eroi dei fumetti. Noi argentini abbiamo tanta fantasia per i nomi. Grazie a quel campetto molti bambini furono tolti dalla strada, e nel nostro quartiere tutti iniziarono a sentirsi più uniti. Ogni partita diventava pretesto per fare festa: le madri ci venivano a vedere portando deliziosi *alfajores*, tipici dolci farciti argentini, e per noi il mondo ruotava attorno a quel campo, la rampa di lancio dei nostri sogni.

Di quel periodo conservo soprattutto un ricordo, tra i più cari di tutta la mia vita. Sembra una storia da libro *Cuore*, ma è tutto vero. Un giorno, proprio la settimana prima della finale che ci avrebbe poi regalato la vittoria in campionato, ruppi le scarpette da calcio. Non si trattava di un semplice taglio, o di un piccolo buco: era proprio uno squarcio dalla punta al tallone. A furia di calci e contrasti la scarpa era diventata una specie di ciabatta con i tacchetti. Impossibile calzarla di nuovo. Inutile dire che a casa non avevamo i soldi per comprarne un altro paio. Ero disperato. Per me quella partita, a lungo attesa, significava tutto. Ma senza scarpe come avrei fatto? Mi ero ormai rassegnato all'idea di non poterla giocare. Nessuno aveva un paio di scarpe da prestarmi, perché all'epoca erano merce preziosa, e chi aveva la fortuna di possederle le usava per sé. Poi, il miracolo. Un giorno tornai a casa, e mio padre mi si presentò innanzi con un paio di scarpe in mano. Le stesse che avevo sempre usato, ma con una piccola grande differenza: lo squarcio era stato completamente ricucito. Era stato lui a ripararle, con ago e filo, perdendoci la vista e qualche ora buona di lavoro.

L'avventura alla Disneyland non durò a lungo. Con il pallone tra i piedi ci sapevo fare, e così un giorno bussò alla porta di casa mia un dirigente dell'Independiente. «Vuoi venire a giocare da noi?» Immaginate la festa. Io che divento uno dei diavoli rossi, un sogno che diventava realtà. Per sette anni difesi con ardore quella maglia, dando tutto me stesso. Giocavo a calcio, studiavo, talvolta aiutavo mio padre. Ma ci mettevo l'anima, sempre e comunque. Fu in quel periodo, nel 1983, che si consumò anche il mio battesimo alla

Costruire una casa, costruire un futuro

Doble Visera, lo stadio dell'Independiente che sorge proprio dirimpetto a quello del Racing: a dividerli c'è solo un centinaio di metri, ma andare da una parte o dall'altra equivale a entrare in due mondi diversi. La mia prima partita vista dal vivo fu una sfida di Copa Libertadores. Avversario di turno erano i paraguaiani dell'Olimpia. Una gara bellissima, vinta da noi. In campo c'era anche *el Bocha*, Ricardo Bochini, il mio idolo assoluto, una leggenda del nostro club. Il fatto di vestire la sua stessa maglia, pur a un livello decisamente più basso, mi riempiva di orgoglio. Il sogno di emulare le sue gesta però durò ancora per poco. Un giorno, nonostante il mio impegno e la massima dedizione alla causa, ricevetti una delle più grandi batoste della mia carriera. I dirigenti e i tecnici mi ritennero infatti troppo piccolo per proseguire l'avventura. Avevo quindici anni. Infranti i sogni di gloria, crollate tutte le speranze, rimasi un anno fermo, e in quel periodo per me fu come se il calcio non esistesse più. Ero deluso, amareggiato, praticamente inconsolabile.

Per un anno studiai e lavorai, e basta. Ma dentro di me, nel profondo, continuavo a covare la voglia di rimettermi in discussione su un campo di calcio, benché non riuscissi ad ammetterlo. Fu ancora una volta mio padre a togliermi dai guai. Un giorno andai con lui a lavorare. Durante la pausa per il pranzo cominciammo a parlare del più e del meno, come eravamo soliti fare. Di punto in bianco mi chiese: «Javi, ma tu cos'hai intenzione di fare da grande? Hai proprio deciso di farla finita con il calcio? Guarda che in giro la gente dice che sei bravo, che ce la puoi fare. All'Independiente è andata male, ma perché non provi da un'altra parte?».

Quelle parole mi rimbalzarono in testa per settimane. E alla fine mi convinsi. Del resto Buenos Aires è una città immensa, non esisteva solo l'Independiente. Un'altra squadra l'avrei trovata.

El Tractor

Pur essendo rimasto un anno lontano dai campi da calcio non avevo certo perso la voglia di giocare né tantomeno avevo dimenticato come si faceva. Dal punto di vista fisico, paradossalmente, stare fermo mi fece bene. A furia di lavorare nei cantieri con mio padre avevo messo su un po' di muscoli, e anche in altezza avevo acquistato qualche centimetro.

In barba alle piccole crisi e ai continui ripensamenti decisi di rimettermi in gioco. Bisogna sempre rialzare la testa, anche nei momenti più difficili. È una lezione che ho imparato in quel periodo, e da allora non l'ho mai dimenticata. L'occasione buona per rientrare nel giro me la diede mio fratello Sergio, che all'epoca era un calciatore emergente. Giocava nel Talleres, una piccola squadra della zona sud di Buenos Aires, Remedios de Escalada, poco distante da Lanús, dove era cresciuto Diego Armando Maradona e che, anni dopo, sarebbe diventata l'epicentro della Fondazione Pupi.

Non volevo arrivare però come il «fratello di» né passare per raccomandato: così quando Sergio fu venduto a un'altra squadra, colsi subito la palla al balzo, mi presentai armato di scarpette e tanta forza di volontà e feci un provino. Tutto bene, promosso. Il calcio, forse, mi avrebbe offerto una seconda possibilità. La prima stagione la trascorsi nel settore giovanile, in Quarta divisione, dove in pratica iniziò la mia carriera di «jolly». Nell'Independiente avevo giocato quasi sempre da attaccante esterno, un ruolo che allora si sposava perfettamente con le mie caratteristiche: ero «leggerino» e guizzante, mi piaceva dribblare, andare sul fondo e fare i cross. Mano a mano arretrai il mio raggio d'azione: prima centrocampista, sia di fascia che centrale, poi, talvolta, anche terzino. La consacrazione nel nuovo ruolo arrivò la stagione successiva, quando fui promosso in prima squadra. L'annata nel Nacional B, in sostanza l'equivalente della Serie B italiana, mi spalancò le porte del calcio professionistico.

Il mio problema principale, però, era che all'epoca, oltre al calcio, dovevo pensare anche a portare a casa la pagnotta. Ho sempre aiutato la mia famiglia, e il fatto che avessi ricominciato a giocare a calcio non poteva certo «esentarmi» dal continuare a dare una mano in casa. Così mi trovai un nuovo lavoro. Da muratore-calciatore diventai garzone-calciatore. Dalle quattro fino alle otto di mattina indossavo la divisa di «ragazzo del latte»: passavo di casa in casa a portare le bottiglie; poi, una volta finito il turno, andavo a scuola. E al pomeriggio allenamenti. Alla sera crollavo per la stanchezza. Una vitaccia, ma lo facevo volentieri perché sapevo che quella, probabilmente, sarebbe stata la mia ultima occasione per riuscire a sfondare nel calcio. I treni di solito passano una volta, se si è davvero fortunati due: e io avevo già sprecato il mio primo bonus.

Questo grande sacrificio si protrasse solamente per l'anno in cui giocai nel settore giovanile. Una volta promosso in prima squadra, i dirigenti mi dissero che non potevo continuare in quel modo. O giocavo, o lavoravo. Feci subito presente, però, che io avevo bisogno di soldi per aiutare la mia famiglia. Mi dissero di non preoccuparmi: e così arrivò anche il primo contratto da professionista, o quasi. La prima stagione tra i grandi andò piuttosto bene. In tutto totalizzai 17 presenze, condite anche da una rete, distinguendomi tra i migliori giovani del campionato. Fu in quel periodo che nacque il mio soprannome, Pupi. Tutta «colpa» di mio fratello, chiamato così durante la sua permanenza al Talleres. E siccome quando passai al club c'erano ben cinque Javier, oltre a me, fu quasi automatico affibbiarmi quel nomignolo per distinguermi dai miei omonimi. Non esiste una traduzione per Pupi: è un semplice vezzeggiativo, che si pronuncia in fretta, particolarmente utile in campo, quando la rapidità è tutto.

Le cose cominciarono a girare per il verso giusto anche in altri ambiti. Mentre giocavo al Talleres conobbi infatti Paula, colei che sarebbe diventata la donna e l'amore della mia vita. Come in ogni favola a lieto fine, per conquistarla fui aiutato da un complice, un amico comune, Roberto, che frequentava la sua stessa scuola. Un giorno mi chiese di andarlo a prendere, e all'uscita la vidi e ne rimasi folgorato. Cominciai a chiedere informazioni all'amico, finché, dopo tante insistenze, la vidi di nuovo mentre giocava a basket, sport che all'epoca Paula praticava con passione, sempre difendendo i colori della polisportiva Talleres. Chissà, forse tra atleti ci si intende meglio. Galeotta fu la partita con la palla a spicchi. Finito il match, aiutato da Roberto, mi feci coraggio e, finalmente, riuscii a conoscerla. Di lì in avanti fu un crescendo di emozioni e un susseguirsi di appostamenti, ogni scusa era buona per incontrarla e parlare con lei. Tanto entusiasmo alla fine fu premiato. Poco tempo dopo cominciammo a frequentarci e da allora, io avevo diciotto anni e lei quattordici, non ci siamo più lasciati.

Ero tornato a essere un calciatore, non dovevo più lavorare per sostenere la mia famiglia e avevo trovato addirittura l'amore. Mi ero lasciato ormai definitivamente alle spalle il buio in cui ero sprofondato due anni prima. L'esperienza al Talleres fu una delle più importanti della mia vita: e all'alba dei vent'anni, finalmente, anche per me si aprirono le porte della Primera división argentina. Nell'estate del 1993 mi arrivarono diverse offerte. Molti club erano interessati a me: tra questi anche il Banfield, una delle squadre più tifate del *partido* di Lomas de Zamora, altra area meridionale di Buenos Aires. Al momento di acquistarmi accadde una cosa piuttosto strana: per pagare la somma del mio cartellino, pari a centosessantamila dollari, si unirono ben dieci soci. Ognuno contribuì con una quota e così, nel giro di pochi giorni, mi ritrovai nella massima serie argentina, pronto a entrare con tutta la mia passione nel calcio vero, quello che per lunghi anni avevo potuto solo sognare.

El Tractor

Certo, non avrei vestito la maglia dell'Independiente né tantomeno quella di altri club storici: ma già indossare la casacca dell'«umile» Banfield (squadra che avrà sempre uno spazio nel mio cuore) era una gioia immensa, soprattutto ripensando alle tribolazioni che avevo passato. Sull'onda di un ritrovato entusiasmo, ci misi poco a conquistare la stima anche del nuovo ambiente. I due allenatori, Oscar López e Oscar Cavallero, mi misero sulle spalle la maglia numero 4 e dalla prima all'ultima giornata non la mollai più. Il mio esordio tra i big d'Argentina avvenne al Monumental, il mitico stadio del River Plate. Fu l'inizio di una grande scalata. Nel novembre del 1994, Daniel Passarella, allora commissario tecnico della Nazionale, inserì per la prima volta il mio nome nella rosa dei convocati della Selección. Mi sembrava un miraggio: dopo mezza stagione tra i professionisti avevo già l'opportunità e l'onore di indossare la camiseta albiceleste. Il debutto non fu niente male: 3-0 contro il Cile, a Santiago, il 16 novembre di quell'anno. Conclusi la stagione con 37 presenze e un gol al mio attivo in Primera división. L'anno seguente continuai sulla stessa scia, o meglio, nello stesso solco tracciato la stagione precedente, visto che per tutti ero ormai diventato *el Tractor*, il trattore. In Argentina quasi tutti i giocatori hanno un soprannome: *el Cuchu, el Cholo, el Jardinero, el Pocho, el Piojo*. Fu Victor Hugo Morales, il mitico telecronista delle gesta maradoniane, ad appiccicarmi addosso quel nuovo nomignolo: merito delle mie gambe possenti (grazie a tanto allenamento il ragazzo gracilino si era notevolmente irrobustito) e del mio baricentro basso, e soprattutto delle mie sgroppate sulla fascia. In effetti il mio modo di giocare dà un po' l'idea del trattore: mi si passi l'immodestia, ma è difficile fermarmi o portarmi via il pallone dai piedi quando parto. Do proprio l'idea del trattore, caratteristica che la fantasia di Morales colse al volo.

La seconda stagione al Banfield fu quella della definitiva consacrazione. Giocai di nuovo tutto l'anno da titolare, mentre ormai ero entrato quasi stabilmente nel giro della Nazionale. Quell'anno mi trovai a giocare insieme anche a un certo Julio Cruz, al tempo giovane centravanti di belle speranze appena affacciatosi sul calcio professionistico. Chi lo avrebbe mai detto che, diversi anni dopo, ci saremmo ritrovati a militare nello stesso club – ma al di là dell'oceano, con addosso una maglia a strisce verticali nerazzurre.

A Milano con l'Avioncito

Una sera, mentre ci trovavamo in tournée in Sudafrica con la Nazionale argentina, Daniel Passarella venne a bussare alla mia camera. «Javi, l'Inter ti vuole comprare» mi disse tutto d'un fiato, senza lasciarmi nemmeno il tempo di capire se stesse scherzando oppure no. «L'Inter? L'Inter di Milano? La squadra dove hai giocato anche tu? La squadra che sconfisse l'Independiente due volte? La squadra dove ha giocato Matthäus?»

Sì, proprio quella. Nessun inganno, nessuno scherzo di cattivo gusto. A notarmi, e a segnalarmi poi alla società, era stata un'altra grande ex gloria argentina: Antonio Valentin Angelillo, centravanti dell'Inter a cavallo tra gli anni Cinquanta e Sessanta e tuttora celeberrimo per il suo record di gol (33) in un solo campionato di Serie A. Mi vide giocare nel Banfield; sapevo che l'Inter era a «caccia» in Argentina, ma all'epoca giravano nomi di giocatori più estrosi, come Daniel Ortega o Sebastián Rambert, così, quando Passarella mi diede l'annuncio, caddi dalle nuvole. Chiamai subito il mio procuratore. Era tutto vero, l'Inter mi voleva.

Bastava la mia firma e la strada verso l'Italia sarebbe stata spianata.

A quel punto cominciarono i tormenti. Da una parte la felicità per essere a un passo da uno dei più prestigiosi club del mondo; dall'altra la paura di lasciare la mia patria, la mia famiglia e, soprattutto, Paula. Lei era ancora molto giovane, ancora studiava, e di sicuro non mi avrebbe seguito in Italia, almeno non subito. Furono giorni difficili per me, ma sapevo bene che un'occasione simile, forse, non sarebbe più capitata. Così presi la palla al balzo, mi feci forza e rincorsi il mio destino.

Fortunatamente ebbi due mesi di tempo per prepararmi, e nella mia nuova avventura non sarei stato solo: insieme a me l'Inter acquistò infatti anche Sebastián Rambert, detto l'*Avioncito*, l'aeroplanino, per il suo modo di esultare dopo un gol, già mio compagno di squadra in Nazionale. Detto questo bisogna però sfatare un mito. Si racconta spesso che arrivai all'Inter come «pacco omaggio» nell'affare Rambert. Le cose non andarono proprio così. Innanzitutto perché Sebastián non giocava nella mia stessa squadra, il Banfield, ma nell'Independiente (beato lui). In secondo luogo, l'Inter non ci acquistò in coppia, ma in momenti diversi. Lui dopo di me. La cosa può sembrare banale, ma per me ha grande importanza. Fui infatti il primissimo acquisto di Massimo Moratti, diventato presidente dell'Inter da poco tempo, nel febbraio del 1995. Molti, critici e tifosi, quando sentirono il mio nome storsero il naso. «Ma come, Moratti vuole riportare l'Inter ai fasti di un tempo e si presenta con Zanetti?»

A Milano con l'Avioncito

Non avevano tutti i torti: dopotutto ero un giocatore semisconosciuto, uno che, come si direbbe a Milano, aveva ancora tante michette da mangiare prima di diventare un calciatore di grande livello. Moratti però mi volle fortemente, nonostante non fossi un funambolo acchiappafolle né il mio nome risultasse abbastanza esotico per scuotere la fantasia dei tifosi.

Durante quella campagna acquisti l'Inter puntò su giovani di belle speranze e giocatori ormai affermati. Oltre a me e Rambert, in casa nerazzurra arrivarono Roberto Carlos, anche lui all'epoca poco conosciuto, e Paul Ince, uno dei centrocampisti più forti d'Europa. Si venne così a creare una situazione non facile, visto che allora non era ancora in vigore la legge Bosman, e in pratica ogni squadra poteva schierare in campo al massimo tre stranieri. E noi eravamo in quattro. Per questo, all'inizio, pensai che mi avrebbero dato in prestito a qualche altra squadra per «farmi le ossa», come si dice in gergo. Del resto il mio era il nome meno altisonante. Rambert era stato molto sponsorizzato da giornali e televisioni che continuavano a mostrare un suo famoso gol nel campionato argentino; Roberto Carlos, benché poco noto al grande pubblico, era comunque uno dei giovani più promettenti del calcio mondiale (e in futuro le promesse le avrebbe mantenute, eccome); Ince lo conoscevano tutti per il suo passato al Manchester United. E Zanetti? Un emerito sconosciuto. Nonostante tutto, però, rimasi. E me la giocai. La società disse subito chiaro e tondo di non aver alcuna intenzione di «girare» il mio cartellino a qualche altra squadra. Credevano in me e nelle mie potenzialità. In mio soccorso arrivò pure Maradona, che in un'intervista dichiarò: «Il miglior acquisto l'ha fatto l'Inter comprando Zanetti». E a quel punto cominciai a crederci davvero anch'io.

Abituato al caos dell'immensa Buenos Aires, l'impatto con Milano non fu così traumatico. Sarà che noi argentini siamo quasi tutti mezzi italiani, e allora pur lontani migliaia di chilometri dalla nostra patria ci sentiamo a casa. I miei bisnonni erano originari del Friuli, precisamente di Sacile, in provincia di Pordenone. L'ho scoperto pochi anni fa, dopo mesi di ricerche. Sono fiero delle mie radici italiane, e friulane in special modo. Con i friulani credo di avere in comune diverse cose: la tempra forte, la serietà, la misura; doti che ho sempre cercato di portare anche sul campo di gioco.

Dunque, forse per una questione di origini, mi trovai subito bene in Italia. Nonostante fossi solo, nonostante la mia famiglia e Paula fossero ancora in Argentina, non avvertii più di tanto il distacco dalla mia terra natia. Questione di cultura, di mentalità. Italia e Argentina sono due luoghi molto simili, e per questo probabilmente noi «oriundi» ci ambientiamo così bene e con tanta facilità nel calcio della Serie A. L'unica grande differenza tra i due Paesi sta nei tempi. Noi argentini siamo compassati, calmi, ce la godiamo un po' di più insomma; in Italia invece si va sempre di fretta. Incontrarsi per un caffè, a Buenos Aires, significa stare insieme per almeno mezz'ora a chiacchierare del più e del meno; a Milano, invece, tutto si risolve in cinque minuti, e poi ciao, ognuno torna a occuparsi dei propri impegni.

Ma all'inizio della mia avventura italiana la cosa più complicata, più ancora dei caffè lampo e del nuovo idioma (anche se italiano e spagnolo sono due lingue sorelle: basta un cenno per capirsi), fu calarsi nella mentalità calcistica, o meglio, adattarsi a tutto ciò che ruota intorno al calcio. Non che in Argentina non fossimo pressati da stampa e tifosi, ma al Banfield ero abituato semplicemente a qualche cronista con taccuino al termine delle partite, a qualche autografo e foto di rito e poco più. Il giorno della mia presentazione ufficiale all'Inter, il 5 giugno 1995 alla Terrazza Martini, trovai invece una ressa di fotografi, cineoperatori, giornalisti (con taccuino, microfono e registratore, ma solo perché i cellulari all'epoca non erano ancora così diffusi), tifosi parati di nerazzurro che scandivano il mio nome. Nemmeno la pioggia riuscì a fermare la loro passione. Per me e Rambert, compagno di quel pomeriggio di quasi estate, fu il primo assaggio della realtà che ci aspettava. E il primo vero incontro con l'Inter, la creatura più bella e più pazza del calcio italiano.

Giacinto

Non basta giocare per tanti anni in una squadra per dirsi tifosi di quei colori. Non è sufficiente baciare la maglia dopo un gol, non bastano le frasi a effetto per mandare in brodo di giuggiole i fans. Il tifo, soprattutto in Italia (ma anche in tutti gli altri Paesi latini), è una questione che rasenta la filosofia. Spesso, usando una definizione un po' abusata, si dice che essere tifosi è una «fede». Io penso che si tratti più di uno stile di vita, di un modo di essere. Per questo mi sono innamorato all'istante dell'Inter: perché in qualche modo mi assomigliava, e mi assomiglia, perché in questo club ci sono valori e idee che altrove non esistono.

L'Inter è diversa. E non è retorica. L'Inter va sempre controcorrente non immischiandosi mai in subdoli giochi di potere. L'Inter è trasparente, perché quello che succede qui lo sanno tutti e non c'è bisogno di schermi o protezioni, dal momento che non c'è nulla da nascondere. L'ho capito fin dal primo giorno che ho messo piede ad Appiano Gentile. E l'ho compreso grazie soprattutto a un maestro illuminato: Giacinto

Capitano e gentiluomo

Facchetti, il capitano dei capitani, l'esempio, il simbolo, l'interista per eccellenza.

Averlo avuto come mentore, guida e amico per me è stata una benedizione. Mi ha insegnato cosa significa indossare la maglia dell'Inter, e che essere interisti è qualcosa che va oltre il semplice tifo; mi ha insegnato che nel calcio contano sì i risultati, ma esistono valori ben più importanti: la lealtà, la correttezza, l'onestà, il rispetto verso tifosi e avversari. Qualità imprescindibili per un giocatore dell'Inter, e che Giacinto, ogni giorno, cercava di trasmetterci, anche nei periodi in cui tutto sembrava girare contro di noi e in cui la dea Eupalla pareva avesse ordito una congiura contro i colori nerazzurri.

«Dolce, intelligente, coraggioso, riservato, lontano da ogni reazione volgare. Grazie ancora di aver onorato l'Inter, e con lei tutti noi.» Così, con queste parole commosse e sincere, lo ricordò Massimo Moratti appena dopo la sua scomparsa. Fu un giorno tristissimo, quel maledetto 4 settembre 2006. Fu il giorno in cui l'Inter perse la sua bandiera, la sua guida spirituale. E in cui tutto il calcio, non solo quello italiano, perse un uomo che non solo era stato un gigante sul campo, ma soprattutto nella vita di ogni giorno.

I valori, la passione, la dedizione che per tanti anni mise a servizio della causa nerazzurra sono però rimasti intatti. E ancora oggi, per tutti noi interisti, Giacinto è una presenza costante, anche se non è più con noi fisicamente. Non è un caso che dopo ogni vittoria la prima dedica sia sempre per lui. Non è un caso che nei suoi confronti, tuttora, regni un rispetto quasi sacrale.

Non è un caso ch'egli sia considerato sempre il modello, l'esempio da seguire. Perché Giacinto è stato, e sarà sempre, l'immagine dell'Inter.

Giacinto era un *hombre vertical*, come diciamo noi argentini, un gigante buono che incute rispetto. Uno che non sprecava fiato con le parole, perché gli bastava poco per farsi intendere, e non amava le luci dei riflettori. Un uomo coraggioso, un campione di onestà e chiarezza. Uno che non ha mai dovuto abbassare la testa davanti ai potenti, bastandogli il rispetto delle regole, le stesse che da bambino aveva imparato all'oratorio. Aveva un diario, e sulla prima pagina scrisse una frase di Tolstoj: «Più crederemo dipendere solo da noi l'esito delle nostre azioni, più questo sarà possibile».

Sono fiero e orgoglioso di indossare la fascia di capitano dell'Inter, soprattutto sapendo che quella fascia è stata portata per anni da una persona come Giacinto. La più grande soddisfazione è essere considerato il suo erede. Non c'è complimento migliore che possano farmi. Essere l'erede di Facchetti non significa solo farsi valere sul campo, vuol dire aver lasciato una traccia fuori, aver dimostrato che nella carriera di un calciatore non contano solo le coppe e gli scudetti, ma soprattutto la correttezza, il coraggio, il carisma.

Tra noi si instaurò immediatamente un rapporto forte. Ci capimmo al volo, senza bisogno di troppe spiegazioni. Mi raccontava spesso delle epiche sfide tra Inter e Independiente degli anni Sessanta. Lui le aveva vissute sul campo, da protagonista. «Che battaglie, soprattutto in Argentina» mi diceva ricordando il clima bollente alla Doble Visera. Erano anni in cui le telecamere non avevano ancora monopolizzato il rettangolo di gioco, e in cui quasi tutto era «lecito» pur di fermare gli avversari. E i calciatori argentini, all'epoca, erano famosi per i loro modi un po' rudi, diciamo così. I tifosi non erano da meno: arance in campo, insulti, minacce. Sulla scia di quei racconti di trionfi memorabili, cominciai a capire cosa fosse davvero l'Inter, e in particolare cosa significasse essere interisti. Blasone, storia, orgoglio, ma anche e soprattutto sentimenti, amore e passione.

Per anni Giacinto è stato un appoggio imprescindibile per tutti i calciatori in nerazzurro. Aveva una parola buona per ognuno, sapeva sempre come risolvere le situazioni spinose e toccava i tasti giusti per spronare a dare di più. Si è sempre schierato dalla parte dei giocatori, ci ha aiutato in ogni circostanza: ci ha insegnato a non mollare nei periodi difficili, e a non montarci la testa quando le cose andavano bene.

La notizia della sua malattia fu una botta, un fulmine a ciel sereno. Arrivò proprio nel momento in cui l'Inter si stava riprendendo tutto ciò che, negli anni prima, le era stato tolto. Si era in pieno «Calciocaos», e finalmente la giustizia ci avrebbe dato ragione. Ma per Giacinto non si trattava di una rivincita. Era il semplice rispetto delle regole. Visse i suoi ultimi mesi con la solita grande dignità, chiedendo soltanto di essere lasciato tranquillo, che la notizia della sua malattia non fosse sbandierata da giornali e televisioni. Gli feci visita diverse volte in ospedale, sperando fino all'ultimo in un miracolo. Tutti, dai calciatori ai magazzinieri, ci stringemmo attorno a lui. In quel periodo il nostro unico pensiero era fare qualcosa per Giacinto. L'occasione arrivò il 27 agosto 2006, finale di Supercoppa italiana contro la Roma. La malattia lo aveva ormai consumato, ma fino all'ultimo seguì le vicende della sua Inter. Il giorno prima della partita andai a trovarlo all'ospedale e gli feci una promessa: «Giacinto, giuro che domani ti portiamo la coppa». Mantenni la parola. Quella sfida con la Roma non fu una semplice partita di calcio, avvenne qualcosa di miracoloso durante quei 120 minuti di gioco. Andiamo sotto 3-0, poi nel secondo tempo cambia tutto. Ci trasformiamo, diventiamo una squadra vera, lottiamo tutti su ogni pallone. Due volte Vieira e Crespo ci portano sul 3-3, poi ai supplementari ecco il sigillo di Figo che ci regala la coppa. Non so dire quale strana molla sia scattata in tutti noi dopo quel tremendo primo tempo: so solo che ognuno di noi in campo quella sera non ha giocato unicamente per vincere la coppa, ma per portare quella coppa a Giacinto.

Il giorno dopo Marco Materazzi, a nome di tutta la squadra, andò all'ospedale con il trofeo. Lui sorrise, con le poche forze che gli rimanevano. Il suo sorriso mi è rimasto dentro, indelebile. E ancora oggi mi illumina e mi accompagna, sempre e ovunque.

Fuga per la vittoria: i primi anni in nerazzurro

Fin da quando ero bambino, prima delle partite mi ripeto mentalmente una specie di slogan che mi serve per tenere sempre alta la concentrazione. Lo inventò mio padre, e ancora oggi lo uso per darmi la carica: «*Ponga huevos, hombre, que hoy tienes que ganar*». In italiano suonerebbe più o meno così: «Mettici gli attributi, ragazzo, che oggi devi vincere!». È una regola che vale per qualsiasi calciatore. Quando si scende in campo bisogna sempre dare il massimo per la propria squadra, ma senza mai dimenticare che, prima di tutto, viene il rispetto di regole e avversari.

È quello che ho cercato di fare fin dal mio arrivo all'Inter. Non fu immediato adattarsi alla nuova mentalità calcistica, ai nuovi ritmi di allenamento e ai nuovi schemi. Tuttavia, il mio primo tecnico italiano, Ottavio Bianchi, mi diede subito fiducia. Malgrado fossimo quattro stranieri puntò su di me, e così, il 27 agosto 1995, debuttai con la maglia dell'Inter in un incontro ufficiale. Avversario di turno il Vicenza, sede della contesa il mitico Giuseppe Meazza in San Siro, stadio che fino ad allora avevo visto soltanto in televisione. Giocare su quel campo è sempre un'emozione straordinaria: è proprio vero che non ci si può definire calciatori se, almeno una volta, non si è messo piede su quel manto verde. L'esordio andò bene: 1-0, gol di Roberto Carlos, anche lui al debutto come me. Sembrava l'avvio di una stagione promettente, e invece a poco a poco le cose andarono a rotoli. Il mio connazionale Rambert, arrivato tra mille aspettative, non riuscì a reggere la pressione e dopo un paio di mesi lasciò Milano. Per un attaccante è sempre difficile imporsi in Serie A, soprattutto se si è molto giovani. Tra l'altro l'Avioncito ebbe diversi problemi fisici che lo condizionarono parecchio. Per me il suo addio fu un colpo abbastanza duro, visto che avevamo legato molto: entrambi argentini, entrambi lontani dal nostro Paese per la prima volta, entrambi chiamati a calarci in un altro contesto calcistico. Adesso Sebastián è pàssato dall'altra parte della barricata: dopo aver appeso le scarpe al chiodo è diventato allenatore. È stato anche il vice di Ramón Diaz, altro grande ex interista, sulla panchina dell'América, in Messico. Prima di Rambert se ne andò anche l'allenatore, Ottavio Bianchi, esonerato a fine settembre in seguito ad alcuni risultati deludenti. Al suo posto, dopo una brevissima parentesi con Luis Suárez in panchina, arrivò l'inglese Roy Hodgson. Dovevo ricominciare da capo. Con Hodgson cambiò tutto – tipo di allenamento, modulo di gioco –, ma anche il nuovo mister dimostrò fin da principio di credere in me. E con lui iniziai la mia lunga carriera di jolly: con Bianchi giocavo laterale destro in un

Fuga per la vittoria: i primi anni in nerazzurro

5-3-2, con Hodgson passai a interno destro in un modulo a rombo, praticamente lo stesso ruolo che ho ricoperto nelle ultime stagioni. Con lui in panchina segnai il mio primo gol in nerazzurro, contro la Cremonese, a San Siro, il 3 dicembre 1995. Una rete tra l'altro anche esteticamente apprezzabile, che ricordo sempre con grande piacere (non sono un bomber, e quei pochi gol che ho fatto sono come figli per me). «La Gazzetta dello Sport» il giorno dopo mi premiò con un 8 in pagella, e così il mio nome, finalmente, cominciò a diventare popolare, o meglio, a uscire dall'anonimato iniziale.

Il mio ambientamento migliorò con il passare dei mesi, e anche con i tifosi dell'Inter le cose iniziarono ad andare per il meglio. Non sono mai stato un primattore (del resto non sono un attaccante, non accendo la fantasia della gente con i gol o gli assist), ma piano piano penso di aver conquistato il cuore del popolo nerazzurro grazie alla mia grinta, alla mia abnegazione e alla mia costanza. E, perché no, anche grazie al mio dribbling, alle mie discese sulla fascia, alle mie sgroppate. Un momento molto bello fu quando in mio onore i ragazzi della Curva Nord inventarono un coro che cantano ancora oggi: «Tra i nerazzurri c'è / un giocatore che / dribbla come Pelé / dài Zanetti alé!». Forse il paragone con Pelé è un po' eccessivo (e comunque, da buon argentino, sono sempre dell'idea che Maradona fosse una spanna sopra al brasiliano), ma devo ammettere che quel coro mi è entrato nel cuore, e che ogni volta che la Nord lo intona mi vengono i brividi.

Se dal punto di vista personale il primo anno interista non fu niente male, sotto il profilo collettivo, invece, le cose non andarono granché bene. Ci piazzammo al settimo posto in classifica, risultato assai deludente per una squadra che, storicamente, per stirpe, rango e natura parte sempre mirando a vincere lo scudetto. Tuttavia quello fu il primo anno di Moratti alla guida dell'Inter, e noi tutti sapevamo che il presidente aveva intenzione di costruire una grande squadra in grado di lottare su tutti i fronti.

Già l'anno successivo le cose andarono decisamente meglio. La rosa fu rinforzata, e in campionato restammo a lungo nelle prime posizioni, anche se lo scudetto non arrivò. In Europa però ci togliemmo delle belle soddisfazioni. Con Hodgson, un allenatore che ho stimato moltissimo nonostante false voci che a lungo lo hanno indicato come un mio «nemico» personale, giocavamo un buon calcio, frutto di allenamenti decisamente moderni e innovativi. In Coppa Uefa arrivammo infatti alla doppia finale contro i tedeschi dello Schalke 04, una sfida che rimane tra i miei rimpianti calcistici più grossi. Sconfitta 1-0 in Germania, vittoria con il medesimo punteggio a San Siro. Supplementari tiratissimi, dove il risultato non si schioda; infine i rigori, conclusi con il trionfo dei tedeschi, una doccia ghiacciata proprio davanti al nostro pubblico. Oltre al danno di perdere una finale, per me arrivò anche la beffa. Quella fu, e mi scuso se posso sembrare presuntuoso, l'unica partita in cui diedi veramente in escandescenze, l'unica partita in cui il mio comportamento fu un po' sopra le righe. Erano gli ultimi minuti dei tempi supplementari, ancora una manciata di secondi e si sarebbe andati ai rigori. La palla esce e l'arbitro comanda una sostituzione: sulla lavagnetta del guardalinee vedo comparire il numero 4. A quel punto, in piena trance agonistica, non ci vedo più dalla rabbia. Esco, infuriato, e mi metto a battibeccare pesantemente con Roy Hodgson, mandandolo a quel paese. Un litigio passato alla «storia», e che molti hanno visto come la punta dell'iceberg di un rapporto tribolato. Niente di più falso. Ero semplicemente stanco e con l'adrenalina a mille, e la giovane età (e di conseguenza la poca esperienza) non mi fece capire che il tecnico aveva optato per la sostituzione solo per inserire un rigorista, Nicola Berti, visto che i tiri dagli undici metri erano ormai imminenti. Alla fine, negli spogliatoi, mi scusai, e tutto si risolse con una semplice stretta di mano, come si fa tra persone civili.

La finale persa fu comunque un boccone amaro da ingoiare. I sogni di gloria di una rinascita europea dell'Inter erano svaniti proprio sul più bello, a undici metri dalla porta. Quella finale ci diede però maggiore convinzione, ci aiutò a capire che l'Inter, negli anni successivi, avrebbe potuto dire la sua, sia in Italia che in Europa. E Moratti, l'estate seguente, non badò a spese, portando a Milano colui che, all'epoca, era considerato il più forte giocatore del mondo: Ronaldo.

Intersolidale

Che l'Inter sia una società speciale non lo scopro certo io. Molto si deve al suo presidente, Massimo Moratti, una figura davvero rara nel mondo del calcio. Se sono diventato una bandiera interista il merito è anche suo, perché mi ha fatto sempre sentire a casa, mi ha incoraggiato, e soprattutto, insieme a Giacinto Facchetti, mi ha trasmesso valori che vanno oltre l'ambito puramente calcistico. Moratti è umile, disponibile: quando si dice che per molti giocatori è come un padre non è la solita frase banale e retorica.

Tra noi c'è un rapporto fortissimo. A volte gli do del tu, a volte del lei, dipende dalle circostanze: dopo quasi quindici anni di conoscenza mi emoziono ancora quando gli parlo. Il fatto che mi abbia inserito tra i più grandi capitani della storia dell'Inter, per me è motivo di grande soddisfazione e di orgoglio. Vuol dire che ho lasciato un segno, e spero non solo in campo.

Grazie a Moratti sono stati realizzati numerosi progetti a scopo umanitario. L'Inter è sempre in prima fila quando c'è da dare a una mano a chi ne ha veramente bisogno, un atteggiamento recepito anche da molti calciatori. Quando arrivai in casa nerazzurra il mio capitano era Beppe Bergomi, un'altra persona che, al di là dell'indiscutibile valore sportivo, mi ha insegnato che, attraverso il calcio, sfruttando la nostra popolarità, si può fare davvero tanto. Lo Zio mi coinvolse immediatamente in un suo progetto, nato qualche anno prima: I Bindun, un'associazione, o meglio un gruppo di amici, che da tempo si batte per regalare un sorriso a chi nella vita ha ricevuto poco o niente. In particolare ha come obiettivo quello di reperire fondi per costruire case d'accoglienza per i ragazzi più sfortunati. L'idea della casa come base per dare un futuro alle persone più disagiate riaccese in me vecchi ricordi. Non ci pensai un attimo e cominciai a collaborare, nonostante fossi l'ultimo arrivato e non conoscessi ancora a fondo la realtà italiana. Da lì, probabilmente, è partita la scintilla per dare avvio, anni dopo, alla Fondazione Pupi. Di sicuro stare nell'Inter mi ha aiutato molto a diventare più sensibile verso alcune tematiche, in special modo quelle riguardanti l'infanzia.

L'esperienza con I Bindun è stato solo il primo passo. La famiglia Inter si batte per tante altre cause, e noi giocatori siamo fieri di rappresentare una società che, fuori dal campo, è sempre in prima linea nella solidarietà. Una solidarietà mai sbandierata, ma fatta di tanti piccoli grandi gesti che possono contribuire enormemente a migliorare la vita di chi è in difficoltà. E io credo che sia giusto così. Grazie alla nostra popolarità, alla nostra fama, al nostro successo e, perché no, ai nostri soldi, noi giocatori abbiamo il dovere di metterci al servizio degli altri. Il dovere, ma anche il piacere: perché non c'è cosa più bella, senza retorica, che poter regalare un sorriso.

Sono orgoglioso di essere il capitano della squadra che da anni supporta Emergency, e che il mio presidente sia amico di Gino Strada, il medico che si reca negli angoli più sperduti del globo flagellati dalla guerra e dalla miseria. Sono fiero che l'Inter sia presente in tutto il mondo con i suoi Campus, uno strumento che permette a oltre ventimila bambini tra gli otto e i tredici anni di giocare a pallone e soprattutto di crescere attraverso valori, non solo sportivi, che di certo arricchiranno la loro vita.

E mi compiaccio di essere stato scelto recentemente come testimonial per Special Olympics, il programma internazionale di allenamento grazie al quale oltre un milione di ragazzi con ritardo mentale sono messi in condizione di praticare sport e partecipare a competizioni sportive. È stata un'altra esperienza meravigliosa e toccante. Per molte persone, noi calciatori rappresentiamo un modello, un esempio; e il fatto che con la sola nostra presenza possiamo portare un raggio di felicità è un privilegio che non va sprecato.

Tra le tante iniziative solidali portate avanti con l'Inter, la più originale è sicuramente quella legata alla causa zapatista e al subcomandante Marcos. Molti hanno visto questo progetto, nato nel 2004, in modo negativo, pensando che Moratti e l'Inter si fossero messi ad appoggiare la guerriglia. L'idea in realtà era molto più semplice e nobile: raccogliere fondi per costruire un acquedotto per il villaggio di Zinacantán, distrutto dai gruppi paramilitari perredisti, oltre che spedire medicinali e acquistare un'ambulanza per le comunità che vivono al confine tra Messico e Guatemala. Ci è sembrato giusto aiutare le popolazioni del Chiapas: la solidarietà non ha colore, non ha fede, non ha ragione politica. Queste comunità lottano per affermare la loro cultura e un modello diverso di organizzazione economica e politica, di sopravvivenza e di identità. Io credo, come abbiamo scritto nella prima lettera a Marcos, in un mondo migliore, non globalizzato ma arricchito dai differenti costumi e dalle tradizioni di ogni popolo. Lui lotta per ridare vita e dignità alle popolazioni precolombiane del Messico; si è messo al servizio dei perdenti della Terra, dei dimenticati, dei non riconosciuti che però hanno imparato a non arrendersi mai, a nessuna condizione. L'iniziativa coinvolse tutti. Ogni multa presa da noi calciatori, per i ritardi agli allenamenti o per sanzioni disciplinari, andava poi a finire in un fondo da versare per la causa del Chiapas. Conservo con grande emozione il ricordo delle lettere che il subcomandante Marcos inviò all'Inter. In particolare la foto in cui lui, ovviamente con addosso il solito passamontagna, tiene in mano la mia maglia nerazzurra numero 4. Non l'ho mai conosciuto di persona, ma dalle sue parole traspare una personalità molto colta, intelligente e ironica. «Fratelli giocatori» scrisse nella prima lettera in cui ringraziava l'Inter per il sostegno «vi invitiamo in questa terra per condividere idee ed esperienze.» Poche settimane più tardi Marcos scrisse di nuovo a Moratti, sollecitandoci ufficialmente a sfidare la Nazionale dell'esercito zapa-

Intersolidale

tista di liberazione nazionale (Ezln). «Stiamo pensando di organizzare la Coppa Pozol de Barro: sette partite per raccogliere fondi da destinare agli indigeni, agli immigrati clandestini e ad altre cause. Le partite si giocherebbero nello stadio olimpico di Città del Messico, a Guadalajara, a Los Angeles, davanti alla base americana di Guantánamo, a Milano, a Roma e nei Paesi Baschi. Se per lei va bene l'Ezln vorrebbe che le partite in Messico fossero arbitrate da Diego Armando Maradona. I guardalinee sarebbero Javier Aguirre e Jorge Valdano. Il quarto uomo, invece, sarebbe Socrates. La cronaca delle gare, per conto del "Sistema Zapatista di Televisione Intergalattica" (l'unica tv che si legge), potrebbe essere affidata agli scrittori uruguaiani Eduardo Galeano e Mario Benedetti.» Parole piene di ironia che alla fine si facevano più serie: «Il vero motivo per cui scrivo è un altro. Voglio ringraziare ancora l'Inter e i suoi tifosi per l'affetto e il sostegno nei nostri confronti». La partita, inutile dirlo, non si è mai disputata. Ma se un giorno si decidesse davvero di organizzarla, io non avrei alcun problema. Se può servire a fare del bene, andrei volentieri in Chiapas a giocare: del resto quattro calci a un pallone non hanno mai fatto del male a nessuno, anzi, il più delle volte hanno celebrato la nascita di nuove alleanze e fratellanze.

I colori nerazzurri hanno sostenuto anche la lotta contro la mosca tse-tse, l'insetto che in Africa, e soprattutto nel Congo, diffonde la micidiale malattia del sonno. All'inizio sembrava uno scherzo quando, nel 2007, in società arrivò una nota di un medico che spiegava come questi colori ipnotizzassero la mosca. Ma di fronte all'evidenza scientifica, la proposta fu ovviamente accettata, e con grande entusiasmo. Così, in collaborazione con l'Atalanta, squadra che ha i nostri stessi colori sociali, sono state create duecentotredici trappole nerazzurre capaci di sterminare cinquanta mosche al giorno. Altra vittoria della nostra grande Intersolidale, *la más digna*, come l'ha definita il subcomandante Marcos.

Non c'è cosa più bella che aiutare, a ogni latitudine, in ogni modo, con ogni mezzo.

Parigi, 6 maggio 1998

Il mio terzo anno all'Inter cominciò tra grandi aspettative. Con l'arrivo di Ronaldo, allora all'apice della sua breve e sfortunata carriera, tutte le attenzioni di stampa e tifosi erano concentrate su di noi. E dopo la beffa subita nella doppia finale di Coppa Uefa contro lo Schalke 04, anch'io pensavo che quella sarebbe stata la stagione della grande rinascita nerazzurra. Il sogno di Moratti di riportare l'Inter in vetta al calcio italiano ed europeo era ancora intatto. Al nostro presidente, malgrado tanti bocconi amari, non sono mai mancati entusiasmo e passione per questi colori; e il suo amore alla fine è stato ripagato.

Oltre a Ronie, all'inizio di quella stagione arrivarono altri grandi giocatori: *el Cholo* Simeone, *el Chino* Recoba, Zé Elias, Taribo West, Ciccio Colonnese, Francesco Moriero. La colonia sudamericana si stava allargando: l'anno prima, insieme al francese Yuri Djorkaeff, era arrivato anche Iván Zamorano, destinato a diventare uno dei miei più cari amici. All'Inter, come ho detto, ho avuto la conferma di quanto sia infondato il luogo comune che vuole i sudamericani provenienti da Paesi diversi in contrasto e in conflitto tra di loro. Con Iván, cileno di Santiago, fu amicizia a prima vista. Al tempo, parlo del 1996, l'Inter non era ancora un «feudo» di lingua spagnola come è diventato più avanti, e così, anche per una questione idiomatica (ma attenzione: tra la parlata argentina, cilena, colombiana e uruguaiana ci sono moltissime differenze), cominciammo a frequentarci pure fuori dal campo. Gli feci un po' da «chioccia», malgrado fossi di sei anni più giovane di lui, per aiutarlo a calarsi nella nuova realtà calcistica. Siamo molto simili, nonostante l'apparenza possa ingannare. Crediamo negli stessi valori. Iván in campo era un combattente, uno che non mollava mai, un guerriero (non a caso uno dei suoi tanti soprannomi). Ma lo stesso cuore che ci metteva quando giocava, lo ha poi messo a disposizione per tante cause umanitarie. È ambasciatore dell'Unicef, e adesso, in Cile, ha aperto una scuola di calcio per aiutare i bambini più disagiati.

Quell'anno cambiò anche la guida tecnica della squadra: Roy Hodgson diede le dimissioni dopo la sconfitta contro lo Schalke 04 (ma, ripeto, il nostro battibecco non c'entrò nulla nella decisione: siamo sempre andati d'accordo) e al suo posto arrivò Gigi Simoni. Molti commentatori, inizialmente, mostrarono delle riserve sul suo conto. Fino ad allora aveva sempre allenato squadre di seconda fascia, e adesso si trovava alla guida di una fuoriserie. Gigi smentì subito le malelingue facendosi apprezzare per le sue doti strategiche, ma soprattutto per la sua sensibilità

Parigi, 6 maggio 1998

e il suo modo di fare. Il suo più grande merito fu quello di costruire un gruppo solido e affiatato, una squadra davvero speciale, in campo e fuori. Con lui cambiai di nuovo ruolo: da laterale di destra passai a sinistra, uno dei tanti spostamenti che hanno caratterizzato la mia carriera e che mi hanno aiutato a diventare un giocatore completo, in grado, in caso di necessità, di ricoprire ogni zona del campo. Mi manca solo di fare il portiere, poi ho giocato ovunque.

Ronaldo era la nostra punta di diamante. Non ho mai visto un calciatore così forte: forse solamente Leo Messi è arrivato a quei livelli. In squadra però nessuno è mai stato invidioso di Ronie. La sua forza, la sua classe, la sua velocità erano sotto gli occhi di tutti: lui era il valore aggiunto del gruppo, l'uomo che avrebbe potuto farci vincere, finalmente.

Di quel campionato, tuttavia, rimane ancora oggi nella mente una traccia amarissima. Sono convinto che quello scudetto lo meritassimo, ma accaddero fatti strani, molto strani, troppo strani. Solo qualche anno dopo, con la rivoluzione seguita a Calciopoli, ci accorgemmo che, in ogni caso, i nostri sforzi sarebbero stati vani. Troppi gli errori nei nostri confronti; troppi gli aiuti alla Juventus, che pure era una squadra molto forte in grado di lottare per lo scudetto anche senza favori. Quello che successe in quel campionato lo ricordano tutti. L'epilogo fu il rigore non assegnato a Ronaldo nell'ormai celeberrimo scontro con Iuliano, proprio contro la Juventus, nella partita che avrebbe potuto aprirci la strada verso il titolo. Purtroppo, oltre agli avversari sul campo, ci trovammo a combattere contro agenti esterni: all'epoca erano solo sentori, si parlava di semplice «sudditanza psicologica»; poi, nell'estate bollente del 2006, tutti i nodi vennero al pettine. Finalmente.

Tra un sospetto e l'altro chiudemmo il campionato al secondo posto. Un risultato deludente, perché quell'Inter aveva tutti i crismi per vincere il titolo, e durante il torneo aveva dimostrato anche di meritarselo. Per fortuna l'amaro del campionato fu scacciato, a fine stagione, dal gusto dolcissimo della mia prima grande vittoria in nerazzurro. Uno dei miei ricordi più belli: anzi, il mio ricordo più bello con la squadra. Se il primo amore non si scorda mai, per il primo trofeo è lo stesso. Così conservo sempre nel cuore la notte del 6 maggio 1998, stadio Parco dei Principi di Parigi, finale di Coppa Uefa contro la Lazio. Un successo ci avrebbe ripagato della sconfitta dell'anno precedente, ma soprattutto delle frustrazioni del campionato. Arrivammo all'appuntamento carichi al punto giusto, desiderosi di dimostrare al mondo che quell'Inter non aveva nulla da invidiare alla Juventus che solo pochi giorni prima aveva vinto uno scudetto che, ancora oggi, credo ci sia stato ingiustamente sottratto.

Simoni prima del match ci aveva catechizzato a dovere. Chiudere una stagione del genere senza mettere in bacheca nemmeno un alloro sarebbe stato l'apoteosi della *malasuerte*. E così, in campo, venne fuori tutta la nostra rabbia, la nostra voglia di vincere e di riportare in alto il nome dell'Inter. In quella gara funzionò tutto a meraviglia, dal primo all'ultimo minuto. Penso sia stata la partita perfetta, l'inno del gioco di squadra.

Parigi, 6 maggio 1998

E non fu facile, perché di fronte avevamo un avversario di assoluto valore come la Lazio, formazione dove ancora giocava Roberto Mancini: pochi anni dopo sarebbe diventato il mio allenatore e insieme avremmo festeggiato, finalmente, lo scudetto.

C'era tanta attesa per quella sfida. Migliaia di tifosi interisti arrivarono a Parigi per sostenerci, per riprendersi, almeno in parte, ciò che ci era stato tolto durante l'anno. Un clima bellissimo, con le due tifoserie gemellate. C'era anche mio padre in tribuna, circondato da amici e parenti. Per me fu una carica in più. E infatti le cose iniziarono subito bene. Dopo pochi minuti siamo già in vantaggio: gol di Iván Zamorano, solito cobra dell'area di rigore. Uno a zero all'intervallo. Nella ripresa arriva il gol della sicurezza, il 2-0. Lo segno io, una delle mie rare apparizioni nel tabellino dei marcatori. Zamorano al 15° minuto la spizza di testa verso il limite dell'area, arrivo in corsa e di controbalzo, calciando la sfera di mezzo esterno, la mando all'incrocio dei pali, dove Marchegiani, il portiere della Lazio, non può proprio arrivare. Quando vedo la palla nel sacco esplodo di gioia, comincio a correre all'impazzata, tutti mi saltano addosso. In tribuna, intanto, mio padre viene sommerso dagli amici, tutti che lo festeggiano come se avesse segnato lui. Credo sia stato (finora) il gol più importante della mia carriera. È stata la rete che in pratica ci ha messo al riparo da ogni tentativo di rimonta laziale, la rete che ha *matado* la partita. A suggellare il trionfo, alla fine, ecco anche il gol di Ronaldo: tripla finta a Marchegiani e palla in fondo al sacco.

Quella partita fu il nostro riscatto dopo un anno di delusioni. Sembrava l'inizio di una rinascita nerazzurra, la partenza per una nuova, grande Inter.

E invece fu solo l'inizio di una strada tutta in salita. Il bello, eufemismo, doveva ancora arrivare.

I muscoli del capitano

La stagione seguente partì, di nuovo, tra mille aspettative. Ancora una volta Moratti cercò in ogni modo di allestire una squadra in grado di competere su tutti i lati. Arrivarono altri grandi campioni, tra i quali Roberto Baggio, destinato a diventare uno dei miei più cari amici.

Con Roby scattò subito un feeling. Lui è innamorato perso dell'Argentina, Paese dove spesso trascorre le vacanze nella sua tenuta: ragion per cui tra noi si instaurò una simpatia immediata, dovuta anche a un'affinità caratteriale. Entrambi siamo piuttosto schivi in apparenza, ma in realtà grandi casinisti, persone a cui piace ridere e scherzare quando si è tra amici. Calcisticamente parlando, per me è stato un grande onore giocare insieme a un genio come Baggio. Peccato che sia arrivato all'Inter un po' troppo tardi e con parecchi problemi fisici. La sua sola presenza, unita alla sua classe immortale, fu comunque molto importante per noi nei due anni che passò a Milano. Insieme a Iván Zamorano, Roby è uno dei compagni che mi manca di più. E sicuramente, nella mia Inter dei sogni, lui troverebbe sempre un posto, con il suo numero 10 incollato alla schiena.

La nostra amicizia non si è limitata al campo di gioco. Abbiamo trascorso diverse vacanze insieme, in Argentina, e da lui ho ricevuto uno dei regali più belli che mi abbiano mai fatto. Una sera, mentre eravamo in ritiro, mi mostrò una videocassetta che lo ritraeva a caccia. Al seguito aveva svariati cani, tra cui un giovane labrador, bellissimo, che mi colpì molto. Qualche giorno dopo andammo fuori a cena con le rispettive signore. A un certo punto Roby mi disse di andare un momento con lui verso la sua automobile con la scusa di aiutarlo a prendere una cosa. Aprì la portiera, e dall'abitacolo spuntò, scodinzolando, lo stesso cane che avevo visto nel video. «È un regalo per te» mi disse. Da quel giorno Simba è parte integrante della mia famiglia.

Intanto, tornando alle vicende sportive, al timone della squadra fu confermato Gigi Simoni, ma dopo poche giornate si consumò un altro ribaltone alla guida tecnica. Nonostante i buoni risultati ottenuti l'anno precedente, e benché la squadra fosse ancora in corsa in Champions League, la dirigenza decise di esonerare Gigi, persona alla quale tutti noi giocatori eravamo molto affezionati, un allenatore che nel suo anno e mezzo si dimostrò prima di tutto un professionista esemplare e, cosa non meno importante, un interista vero. Per questo i tifosi, ancora oggi, lo ricordano con tanto affetto. Il successore fu Mircea Lucescu, romeno giramondo, un tecnico di certo sui generis, molto preparato ma anche molto affabile con i calciatori. Con lui, in un'amichevole contro il Lugano, giocai addirittura da seconda punta. L'avvio con il nuovo allenatore fu promettente: gol a grappoli in campionato, soprattutto a San Siro, dove quasi tutti gli avversari pagavano pesanti dazi. Le cose via via si complicarono. L'immeritata eliminazione in Champions League a opera del Manchester United (all'Old Trafford venne annullato ingiustamente un gol di Simeone) e le alterne fortune in campionato portarono a un nuovo esonero. La situazione nel frattempo si era ormai deteriorata, la squadra era in balia degli eventi e il clima non era dei migliori. Fu sicuramente la mia stagione più travagliata da quando vesto la maglia dell'Inter. I continui cambiamenti spiazzarono anche i giocatori. La società provò a rimediare chiamando Luciano Castellini, fino ad allora allenatore dei portieri, persona stimata sia dalla dirigenza sia dai calciatori per le sue grandi doti umane, oltre che tecniche. Ma le cose non migliorarono. Anzi, ormai tutti ci sentivamo allo sbando e il nervosismo imperava. L'avventura del Giaguaro, il soprannome con cui tutti chiamavamo Castellini, durò appena quattro partite. Altro giro, altro esonero. Al comando, per le ultime quattro giornate, tornò Roy Hodgson, il tecnico che due anni prima ci portò in finale di Coppa Uefa. Chiudemmo la stagione con un misero ottavo posto, staccati di 24 punti dal Milan campione d'Italia. Non riuscimmo però nemmeno a entrare nelle coppe europee, perdendo pure lo spareggio contro il Bologna. L'anno dei quattro allenatori, come spesso viene ricordato, è stata una delle mie parentesi più buie all'Inter. Fu solo colpa nostra: non ci si poteva certo appellare né ai torti arbitrali subiti né tantomeno alla sfortuna. Si trattò di un insieme di cose. Forse la troppa pressione, forse la rosa troppo ampia, forse i continui cambi di allenatore. Sta di fatto che nessuno avrebbe immaginato un andazzo simile. Meno di tutti Moratti, che da grande innamorato dell'Inter qual era, e qual è, non si diede per vinto, e l'anno successivo portò a Milano l'allenatore più vincente degli ultimi anni: Marcello Lippi, l'ex «timoniere» della nostra rivale storica, la Juventus.

Per me la nuova annata si aprì con una piacevole novità. Dopo anni e anni di onoratissima carriera tutta dedicata alla sua Inter, Beppe Bergomi decise di appendere le scarpe al fatidico chiodo. Insieme agli scarpini, lo Zio lasciò anche la sua mitica fascia di capitano, indossata giustamente e meritatamente per parecchie stagioni. Con Bergomi se ne andò pure Gianluca Pagliuca, grande portiere e altro innamorato dell'Inter, che fino a quel momento ricopriva il ruolo di vicecapitano. Rimanemmo così senza le nostre guide storiche, senza i due giocatori con maggiore esperienza, senza due colonne in campo e fuori, senza due grandi persone e due grandi calciatori. La rosa di quell'anno era piuttosto giovane, o meglio, erano pochi i giocatori che militavano nell'Inter da tanto tempo. L'onere di essere il nuovo capitano nerazzurro toccò quindi a me. A soli ventisei anni mi trovai così con la fascia al braccio, erede di mostri sacri come Bergomi, Beppe Baresi, Altobelli, Bini, e in tempi meno recenti Mazzola, Facchetti, Picchi, Meazza. Un argentino al «comando» dei nerazzurri non si era mai visto prima. Per me, inutile dirlo, fu una soddisfazione enorme. Ancora oggi, dieci anni dopo, portare la fascia dell'Inter è un orgoglio smisurato: sapere di essere stato, per tanto tempo, un punto di riferimento per squadra, società e tifosi mi fa gonfiare il petto. Fin dall'inizio, fin dal mio sbarco a Milano, mi sono sentito interista. Un sentimento (perché l'essere interisti è un sentimento) che negli anni è cresciuto a dismisura: ora sono nerazzurro dalla punta dei capelli fino ai piedi. Giusto per rendere l'idea, ho comprato un'automobile nera, alla quale ho fatto aggiungere una fascia azzurra che corre tutto intorno alla carrozzeria, con incastonato un cerchio nel quale compare il numero 4, lo stesso che porto sulla maglia. Ho fatto una cosa simile anche in casa: il mio bagno è tutto piastrellato con i colori nerazzurri, e non manca ovviamente un mosaico che forma il numero 4. Bazzecole che però rendono bene l'idea di quanto questi colori si siano radicati in fondo al mio cuore e alla mia anima: non potrei più farne a meno.

La promozione a capitano comportò alcuni cambiamenti nel mio ruolo: portare la fascia significa infatti maggiore responsabilità, significa essere guida, leader ed esempio per i propri compagni, soprattutto i più giovani; significa, talvolta, anche mostrare i muscoli, far sentire la propria voce, sia ai compagni sia agli avversari. Mi ci abituai poco a poco, sempre più convinto, però, di essere arrivato e di trovarmi nel posto giusto, nella mia collocazione ideale.

Capitano e gentiluomo

La prima stagione con Lippi partì, come al solito, tra squilli di fanfara. Tutti ci davano favoriti per lo scudetto, avevamo il miglior allenatore in circolazione e la rosa era di primissimo livello; in più, non essendoci qualificati per le coppe europee, avevamo solo il campionato a cui pensare. Personalmente cambiai di nuovo ruolo, una costante della mia carriera: tornai a giocare a destra, a centrocampo, tornante nel 4-4-2. Le prime giornate andarono a meraviglia. Esemplare fu la vittoria a San Siro contro il Parma di Buffon e Cannavaro: 5-1 il punteggio finale, con doppietta di Zamorano e un gol stratosferico di Vieri. Bobo, un ragazzo molto simpatico e disponibile (in molte occasioni mi è stato parecchio d'aiuto anche per la mia Fondazione), malgrado le varie dicerie sul suo conto, arrivò a infoltire un attacco atomico: con lui c'erano Ronaldo, Zamorano, Baggio e Recoba. Poche squadre al mondo potevano vantare un «plotone» simile. Eppure, piano piano, le cose cominciarono a mettersi male. La squadra fu falcidiata da casi sfortunati: Ronaldo purtroppo si infortunò gravemente alla decima giornata contro il Lecce (che finì 6-0: segnai anch'io un gol) e rientrò solo a fine stagione. Tanti altri giocatori, nel corso dell'annata, accusarono diversi problemi fisici. Fatto sta che nel giro di pochi mesi fummo tagliati fuori dalla corsa allo scudetto, poi vinto dalla Lazio. A gennaio arrivarono nuovi giocatori per rinforzare la squadra, tutti di grande livello: Clarence Seedorf, Adrian Mutu e Iván Córdoba. Con quest'ultimo, come già successo con Zamorano e Baggio, scattò un'intesa immediata. Ricordo che lo andai a prendere all'aeroporto insieme a mia moglie; la sua compagna allora era incinta, e in attesa di una sistemazione li ospitammo a casa nostra, a Como, per qualche giorno. Ancora oggi Iván è uno dei miei migliori amici. Lui è una persona come ce ne sono poche in giro: serio, onesto, sincero, gran lavoratore. E interista. Con me credo che, tra i giocatori attuali, sia quello che ha più a cuore le sorti della nostra Beneamata. Non a caso è il vicecapitano, ma per il suo carisma, il suo carattere, la sua tranquillità è come se la fascia al braccio ce l'avesse anche lui. Córdoba, oltre che di tante battaglie in campo, è stato mio compagno pure in diverse iniziative umanitarie. Condividiamo gli stessi princìpi e gli stessi valori: da una sua idea è nata la Fondazione Colombia te quiere ver, un progetto nato a favore dei bambini sfortunati colombiani che dirige insieme a sua moglie Maria.

Malgrado i nuovi innesti la situazione non migliorò molto. Con Marcello Lippi, pur nel pieno rispetto dei ruoli, ebbi anche qualche discussione, qualche scontro verbale piuttosto acceso. È un grandissimo allenatore (il suo curriculum del resto parla da sé), ma forse, quando arrivò all'Inter, non si calò completamente nella nuova realtà, rimanendo troppo legato alla sua vecchia società, la stessa che noi giocatori, almeno quelli della vecchia guardia, vedevamo un po' come il nemico, l'avversario da battere. Morale della favola, chiudemmo il campionato al quarto posto a pari punti con il Parma. Per accedere ai preliminari di Champions ci volle così uno spareggio, risolto a nostro favore da un gol di Zamorano e da due autentiche magie di Baggio.

C'è solo l'Inter

> *E mi torna ancora in mente l'avvocato Prisco / lui diceva che la Serie A è nel nostro dna / Io non rubo il campionato / e in Serie B non son mai stato.*
>
> Elio, *C'è solo l'Inter*

L'Inter è sempre sola nel senso di solitaria, staccata da tutto il resto, al confine; e sola nel senso di unica, nel modo di pensare, di agire e di rapportarsi con il mondo.

Non mi stancherò mai di ripeterlo, a costo di sembrare banale: l'Inter è una creatura diversa rispetto a tutte le altre squadre. Nel nostro dna c'è una piccola dose, o forse qualcosa di più, di sana, lucida follia; l'Inter è genio e sregolatezza, l'Inter è sofferenza, l'Inter è dolore, l'Inter è estasi. Dall'Inter ci si può aspettare tutto e il contrario di tutto. Vittorie impossibili e tonfi clamorosi, partite della vita e passaggi a vuoto inimmaginabili. È così, storicamente. Il tifoso interista è abituato a soffrire, ma non molla mai, non abbandona mai la barca nel momento del bisogno. Il tifoso interista è un innamorato cronico, un passionale, un sanguigno. Ha un carattere argentino. È fedele, appassionato, nel bene e nel male. Ma è anche esigente (giustamente: chi gioca a San Siro deve meritarselo), così come brillante, intelligente e ironico. Basta leggere i tanti blog che pullulano in Rete e i tanti libri nati per raccontare miserie e splendori della nostra amatissima squadra. Già, perché ci vuole anche un pizzico di autoironia per tifare Inter. Lo abbiamo imparato tutti da un grande interista, senza dubbio la persona che più e meglio ha incarnato i panni del tifoso nerazzurro: l'avvocato Peppino Prisco.

È stato uno dei personaggi più amati della grande famiglia interista.

Per lui esisteva solo l'Inter: «A Milano» diceva «ci sono solo due squadre: l'Inter e la Primavera dell'Inter». Un altro suo motto passato alla storia era: «Siamo nati da una costola del Milan. Be', siamo proprio partiti dal nulla». Oppure: «Quando mi stringe la mano un milanista corro a lavarmela, se me la stringe uno juventino poi mi conto le dita». Peppino Prisco era così: un interista integralista, un uomo (ma anche un alpino, sua altra grande passione) che viveva la sua vita a tinte nerazzurre. Sapeva graffiare grazie alla sua innata arguzia, ma proprio per questo era rispettato, e talvolta amato, pure dagli avversari che prendeva in giro. Ho avuto la fortuna di conoscerlo: era sempre molto simpatico, sarcastico, disponibile con tutti, una persona dall'intelligenza finissima e dal carisma ineguagliabile. Ricordo che quando lo incontravo mi diceva sempre: «Tu sei il mio uomo, io mi fido di te». Nel portafogli teneva due fotografie: quella di Peppino Meazza, suo idolo di gioventù, e quella di Ronaldo, l'unico giocatore che in tempi recenti riuscì a rubargli veramente il cuore.

In seguito alla sua morte, la sua ironia, il suo modo di fare e la sua competenza ci sono mancate soprattutto nei momenti difficili. Ci fosse stato Peppino avrebbe sicuramente trovato un modo per sdrammatizzare le situazioni più ostiche. A lui bastava una battuta. Quando qualcuno, giusto per gettarci un po' del solito fango addosso, tirò in ballo una presunta storia a luci rosse che vedeva coinvolti alcuni giocatori dell'Inter Peppino disse: «Be', meglio una storia a luci rosse che a luci rossonere». Quando perdemmo 6-0 il derby contro il Milan, nel 2001, in pochi ebbero il coraggio di mettere la faccia davanti alle telecamere. Tra questi lui, proprio lui che tutto l'anno aspettava il derby, proprio lui, uomo di sport che accettava la sconfitta contro chiunque, ma non contro il Milan. A fine campionato, nonostante quella partitaccia, riuscimmo comunque a superare i rossoneri in classifica: noi quinti e loro sesti. L'avvocato colse la palla al balzo e disse: «Adesso capisco perché i tifosi del Milan mi salutavano facendo sei con le due mani: perché sono arrivati sesti».

Morì nel dicembre di quell'anno. Fu un altro giorno tristissimo, al pari di quello in cui se ne andò Giacinto. Con la scomparsa dell'avvocato Prisco, l'Inter perse un'altra grande figura della sua storia, un'altra importante guida, un altro punto di riferimento. Ci manca, ci manca molto. Persone come lui fanno solo bene al calcio – sapeva come alleggerire ogni situazione, come prendere in giro gli avversari senza mai scadere nella volgarità, senza mai accendere gli animi, senza mai andare sopra le righe – segno di una classe inimitabile, di un'arguzia senza paragoni. Ha lasciato una grande traccia nell'Inter. Forse, più spesso, noi interisti dovremmo ricordarci di avere avuto un maestro come lui. Forse dovremmo riprenderci il carattere un po' *bauscia*, come si dice a Milano: dobbiamo essere fieri e orgogliosi della nostra storia, del nostro blasone, della correttezza che ha sempre contraddistinto l'Inter. Del resto siamo l'unica squadra che non è mai retrocessa in Serie B. E quando qualcuno ci ricorda i nostri insuccessi, i nostri momenti bui, forse sarebbe opportuno rammentargli che noi non ci siamo piegati a oscuri e subdoli giochi di potere, e che quello che abbiamo costruito nella nostra storia è solo frutto delle nostre forze, senza alcun aiuto esterno né altro. «La Serie A è nel nostro dna» diceva l'avvocato Prisco. È diventato il verso chiave dell'inno dell'Inter, il primo, scritto da Elio e cantato da Graziano Romani. È la canzone che sintetizza cosa davvero rappresenta l'Inter per i suoi tifosi, perché non c'è squadra come l'Inter, capace di tutto e il contrario di tutto. Gli altri lasciamoli parlare: possono screditarci con qualunque mezzo, sminuire il nostro valore, criticare dirigenti e giocatori, ma non potranno mai scalfire il nostro amore. Perché per noi, nella buona e nella cattiva sorte, c'è solo l'Inter.

A un passo dal sogno

I proclami di rivalsa e la voglia di riscatto non furono rispettati. L'annata 2000-2001 cominciò subito sotto una cattiva stella, che ci avrebbe accompagnato per tutta la stagione. Una lesione muscolare all'adduttore sinistro mi tenne fermo in panchina durante tutta la preparazione estiva. E nemmeno i miei compagni furono baciati dalla dea bendata. Quaranta giorni senza calcio, era la prima volta he mi capitava una cosa del genere. Tutto girò storto fin dall'inizio, dal turno preliminare di Champions League, quando accadde l'impensabile: fummo eliminati dai semisconosciuti svedesi dell'Helsingborg, non proprio la crema del calcio europeo. Una delle più forti delusioni da quando sono all'Inter: avevamo faticato per raggiungere l'obiettivo, vincendo lo spareggio contro il Parma, e poi, al momento di tradurre in fatti concreti i nostri sforzi tutto fu buttato al vento. Un po' per sfortuna, un po' per le assenze, un po' perché già si erano avvertiti i primi scricchiolii. Ma il periodo nero era solo agli inizi. Alla prima giornata di campionato, allo stadio Gra-

Capitano e gentiluomo

nillo contro la Reggina, ecco una nuova sconfitta. Pesante, pesantissima, perché fu la goccia che fece traboccare il vaso. Marcello Lippi, dopo essersi duramente sfogato contro i calciatori, lasciò intendere di non essere più in grado di gestire la baracca. Poche ore dopo si consumò il divorzio. Dopo un anno e poco più, il suo «idillio» con i colori nerazzurri era già al capolinea. Al suo posto fu chiamato un altro ex juventino, con già una parentesi all'Inter nel suo curriculum: Marco Tardelli. Io intanto ero sempre alle prese con il mio lavoro di riabilitazione, cercando di accelerare i tempi per tornare in campo al più presto a dare il mio contributo. Una volta guarito, in ogni caso, le cose continuarono ad andare male. Sono convinto che quella sia stata la stagione più disgraziata dei miei quindici anni all'Inter. L'eliminazione in Champions, il repentino cambio d'allenatore: eravamo tutti allo sbando, e la barca stava per affondare. L'intesa tra la squadra e il nuovo tecnico non sbocciò mai. È inutile girarci intorno. Io stesso ebbi diversi problemi con Tardelli: tante discussioni, tante litigate. Avevamo modi differenti di concepire il calcio. Capita: non si può andare d'accordo con tutti. In quel clima non certo sereno ci ritrovammo come risucchiati in un vortice, esponendoci così a diverse figuracce. Un 6-1 rimediato a Parma in Coppa Italia, il 6-0 nel derby contro il Milan, l'eliminazione in Coppa Uefa contro l'Alaves, con tanto di dura protesta dei tifosi. Ormai i cocci si erano rotti, e tentare di ricomporli sarebbe stato inutile. La botta subita nel derby fu la conseguenza quasi logica, per quanto ingiustificabile, di un autentico *annus horribilis*. Quasi a chiudere il cerchio, fummo vittime anche di un increscioso episodio di violenza: una bomba molotov lanciata verso il pullman che ci stava portando a San Siro prima della gara di ritorno di Coppa Italia contro il Parma. Fu il punto più basso di tutta la stagione, l'apice del buio. Sconfitte, figuracce, eliminazioni non furono nulla in confronto a quel gesto sciagurato. Rischiammo davvero la vita, per colpa di un balordo senza cervello, un criminale mascherato da pseudo tifoso. Il pavimento del pullman prese fuoco, e per noi seguirono minuti interminabili di autentico panico. Abbiamo seriamente rischiato di restarci tutti secchi: se si fosse incendiato il serbatoio sarebbe stata la fine. Un episodio simile accadde qualche anno dopo, nel 2006. Eravamo di ritorno dalla trasferta di Ascoli, il sabato dopo l'eliminazione in Champions League contro il Villareal. Una volta arrivati a Malpensa, siamo assaliti da un gruppo di imbecilli che si spacciano per tifosi. Un vero e proprio agguato. Un quarto d'ora di follia. Le nostre automobili prese a calci, spintoni ai giocatori, minacce di ogni tipo. Se la prendono anche con me, e con il mio omonimo Cristiano Zanetti, colpito alla schiena. Solo l'intervento di alcuni agenti di polizia riesce a placare gli animi. Ce ne andiamo con il cuore in gola, poche volte in vita mia ho provato tanta paura. Gesti del genere non hanno nulla a che fare con il calcio. Io penso che i tifosi abbiano tutto il diritto di fischiare, pure d'insultare se proprio non possono farne a meno, quando le cose non girano nel verso giusto. Quando però la contestazione sfocia in atti di barbarie, a quel punto lo sport non c'entra più. Diventa solo un pretesto per sfogare i propri istinti bestiali, un appiglio dietro cui nascondere frustrazioni o patologie ben più gravi.

Tra bombe e sconfitte chiudemmo il campionato al quinto posto, con l'unica consolazione di aver superato il Milan in graduatoria. Ma i tormenti, personalmente, durarono per tutta l'estate. Da tempo infatti qualcuno insinuava che me ne volessi andare dall'Inter, lusingato dalle offerte di Real Madrid e Manchester United. Niente di più falso. In quindici anni di carriera in nerazzurro non ho mai pensato di cambiare aria. Probabilmente qualcuno – non certo il presidente né i dirigenti – non mi vedeva più di buon occhio. Tutto tornò alla normalità quando venne ufficializzato il nome del nuovo tecnico, Héctor Cúper, argentino di Chabas con lo stile di un antico *hidalgo*, balzato agli onori delle cronache per aver raggiunto, nei due anni precedenti, altrettante finali di Champions League alla guida del Valencia.

L'incontro con don Héctor chiarì all'istante la situazione. All'inizio del raduno estivo mi chiamò da parte per fare quattro chiacchiere. Mi chiese se era vero che volessi lasciare l'Inter e, allo stesso tempo, mi disse che per lui io ero un elemento indispensabile nel progetto di squadra che aveva in mente. Mi bastò quella rassicurazione per gettarmi alle spalle tutte le preoccupazioni dell'anno precedente e tutte le voci sul mio conto. E ricominciai la stagione più determinato che mai. Cúper si dimostrò subito un allenatore molto preparato e dalla grande personalità. I suoi metodi di allena-

A un passo dal sogno

mento erano un po' da «sergente di ferro»: sul campo era inflessibile, esigeva molta disciplina e imponeva regole da seguire con scrupolo. Alla disciplina sapeva però unire anche la passione: ogni volta, prima di scendere in campo, batteva una pacca sul petto a ogni giocatore dicendo: «*Yo soy contigo*», «Io sono con te», una frase semplice che dimostrava quanto ci tenesse alla causa. Con Cúper alla guida cambiai di nuovo ruolo, tornando a giocare da terzino destro puro, la stessa posizione ricoperta al mio esordio nel Banfield. Fu, dal punto di vista personale, una delle mie stagioni migliori. Nel nuovo ruolo mi trovai a meraviglia, i meccanismi di squadra un poco alla volta si perfezionarono e tutto sembrava procedere per il meglio. A lungo rimanemmo ancorati alla vetta della classifica, e man mano che passavano le giornate il sogno di conquistare, finalmente, l'agognatissimo scudetto si faceva sempre più reale. Come andò poi a finire lo sanno tutti, con quell'incredibile finale, in pieno stile «pazza Inter». A questo punto, però, più che spiegare i «misteri» del 5 maggio o cercare le ragioni psicologiche della nostra disfatta, credo sia doveroso fare alcune precisazioni. La stagione 2001-2002 fu quella della grande illusione, l'anno in cui stava per riemergere in tutta la sua forza l'orgoglio degli interisti. La conquista dello scudetto sembrava una semplice formalità. Sarebbe bastato vincere all'ultima giornata a Roma contro la Lazio, squadra che aveva poco ancora da chiedere a quel campionato. Il nostro distacco dalle inseguitrici, Juventus e Roma, si era assottigliato nelle giornate precedenti. Arrivammo all'epilogo con una sola lunghezza di vantaggio sui bianconeri e due sui giallorossi. Ed è proprio questa la questione su cui vorrei riflettere. Probabilmente i punti di vantaggio sarebbero potuti essere di più. Avremmo potuto arrivare alla sfida di Roma con lo scudetto già in tasca, se in talune occasioni non fossero successe cose piuttosto strane, per usare un eufemismo. Mi riferisco in particolare alla partita giocata a Verona contro il Chievo, terzultima di campionato. Risultato finale 2-2, ma su quella gara incise fortemente un lampante errore dell'arbitro, che non assegnò un evidente calcio di rigore a Ronaldo. All'epoca si parlò di semplice svista (d'accordissimo: anche gli arbitri come i calciatori possono sbagliare), ma quando, cinque anni più tardi, esplose il cosiddetto scandalo di Calciopoli, i nostri sospetti trovarono conferma. Arbitro di quell'incontro era infatti Massimo De Santis, una delle persone maggiormente coinvolte nel «sistema» che per anni aveva governato il calcio italiano.

Con questo non intendo nascondermi dietro un dito né giustificare la nostra sconfitta contro la Lazio che ci costò lo scudetto. Ma l'episodio, unito a tanti altri delle stagioni precedenti, fu l'ennesimo sentore di qualcosa che stava minando il mondo del pallone. Avremmo dovuto aspettare ancora anni per fare finalmente piazza pulita di quel cancro che da troppo tempo si era insinuato negli stadi della Penisola.

Su quel 5 maggio è stato scritto e detto di tutto. Io, che l'ho vissuto in prima persona, posso dire che arrivammo all'incontro decisivo con troppa pressione addosso e anche un po' affaticati dal punto di vista fisico. A ogni squadra capita un periodo di appannamento durante la stagione e a noi toccò la sfortuna di viverlo alla fine, proprio quando potevamo raccogliere i frutti di un'intera annata. Per tutta la settimana non si fece che parlare di quella partita. Ognuno di noi era convinto che avremmo potuto farcela, ma forse, inconsciamente, la troppa pressione ci giocò un brutto scherzo. A tagliarci le gambe fu il secondo gol della Lazio, quello del provvisorio 2-2 a fine primo tempo. Nella ripresa tutto si incrinò irrimediabilmente. Testa e fisico non giravano più, c'era poco da fare. Il calcio è anche questo. E le sconfitte, come le vittorie, fanno parte del gioco, la cui bellezza sta proprio nella sua imprevedibilità. È successo a tutti di perdere partite che sembravano già vinte. Quella volta toccò a noi.

Per tutto il mondo nerazzurro il 5 maggio rappresentò il crollo di un sogno accarezzato a lungo. Quel che successe dopo si può facilmente immaginare. Fu come arrivare a un centimetro dal cielo e non poterlo toccare. Una delusione senza confini. Al termine della partita nello spogliatoio non si sentiva volare una mosca. C'era troppo dolore in ognuno di noi. Lacrime e indignazione. Arrabbiarsi, litigare, incolpare qualcuno sarebbe stato inutile. Dal primo all'ultimo, nessuno escluso, eravamo tutti artefici della nostra sconfitta.

Rialzarsi fu dura, molto dura, ma è in queste situazioni che si dimostra carattere. È nei momenti difficili che emerge la stoffa del campione e la forza del gruppo. «Non mollare mai», come cantano i nostri tifosi, è sempre stato uno dei miei motti. E gettare la spugna proprio in seguito a una sconfitta del genere sarebbe stato da vigliacchi, da mezze calzette. Il grande sogno era sfumato sul più bello, ma la speranza di riagguantarlo non era ancora morta. Il calcio, per fortuna, offre sempre una seconda possibilità.

Ci aspettavano altri anni duri, ma ce l'avremmo fatta.

Il capitano dei Pupi

Se in campo le cose non andavano granché bene, in Argentina la situazione era decisamente peggiore. La terribile crisi economica del 2001 fu un colpo tremendo per il mio Paese. Il gravissimo debito pubblico e la conseguente svalutazione del *peso* provocarono un'ondata immane di problemi, portando centinaia di migliaia di famiglie sull'orlo del baratro. Paula e io vi assistevamo impotenti, guardando le immagini strazianti che passavano in televisione. Eravamo giunti al collasso, a un punto di non ritorno. Ricordo che in quel periodo telefonavo ogni giorno ai miei genitori per sapere, per capire cosa stesse succedendo davvero al di là dell'oceano, dove si stava consumando un dramma lontano anni luce dal mondo dorato in cui vivevamo in Italia. Sconfitte, eliminazioni e piccole isterie calcistiche non erano davvero nulla in confronto al dolore che provai davanti a quel disastro, pur osservandolo da una posizione privilegiata.

Quotidianamente, attraverso internet, seguivamo inerti lo sfascio del Paese. A pagarne le conseguenze furono soprattutto i bambini dei quartieri più poveri delle metropoli. Si parlava di oltre dodici bimbi morti ogni giorno a causa della fame, dell'acqua infetta, delle condizioni igieniche precarie, della mancanza di medicine e di cure.

Sono di umili origini, ma durante la mia infanzia non mi è mai mancato l'indispensabile per vivere. Nemmeno al tempo della dittatura avevo visto la gente stare tanto male quanto nel 2001. Serrande dei negozi abbassate, rivolte sociali, conti correnti bloccati, ovunque miseria e disperazione, anche dove, fino al giorno prima, si respirava tranquillità e benessere. Oltre all'impotenza di non sapere come fare per aiutare la mia terra, provai un senso di rabbia. L'Argentina possiede tante risorse, umane e materiali; storicamente è uno dei maggiori Paesi esportatori di generi alimentari al mondo. Eppure quella crisi mandò tutto a catafascio, sbriciolando ogni speranza.

Fu in quel periodo triste e buio che Paula e io decidemmo di rimboccarci le maniche e contribuire, nel nostro piccolo, a migliorare le cose. L'esperienza con I Bindun, l'associazione di Beppe Bergomi, ci diede il primo input. Già da tempo avevamo in mente di fare qualcosa per il nostro Paese, di metterci al servizio del nostro popolo, e soprattutto dei nostri bambini. Quella crisi non fece che accelerare il processo. A lacerarci il cuore, durante quel martirio, furono infatti in particolare le immagini dei bambini. Vedere l'infanzia senza futuro fu la molla per costruire qualcosa di concreto. L'appoggio di mia moglie fu determinante nel prendere una decisione, e soprattutto per capire verso co oltre sorge Villa Fiorito, un'altra *favela* dove domina il degrado, diventata celebre per aver dato i natali a Maradona. La maggioranza dei bambini che crescono in queste *villas de emergencia* è costretta a vivere d'espedienti. Purtroppo non tutti hanno la fortuna di nascere con i cromosomi e il talento di Maradona. Fin da piccoli sono lasciati allo sbando; per sopravvivere, spesso, sono costretti dagli adulti allo sfruttamento, a vendere droga per strada o a mendicare. Per resistere ai morsi della fame capita che debbano rovistare tra la spazzatura, o in qualche discarica. Situazioni inaccettabili, da Medioevo. La nostra Fondazione è partita da lì, tra le pieghe della miseria. Abbiamo iniziato con ventitré bambini, i più bisognosi, segnalati dall'assistenza sociale. Oggi, Paula e io siamo i genitori adottivi di oltre centocinquanta bambini. In totale però la Fondazione si occupa di oltre mille persone, compresi i famigliari dei più piccoli.

Tutto questo è stato possibile grazie all'aiuto di mio suocero, Andrés de la Fuente, ex docente universitario, che si è fatto carico della presidenza. Mia suocera, Monica Giacoletto, è invece psicopedagoga e ha avuto un ruolo chiave nell'organizzazione dei programmi educativi. Per tanti bambini ora la Fondazione è diventata la prima casa, un luogo sicuro dove trascorrere i pomeriggi e crescere in armonia, nel rispetto di quei diritti fondamentali che in passato sono stati loro negati.

L'idea della casa come rifugio, come protezione, come ambiente sano dove formarsi ha radici lontane. Si riallaccia al mio passato di muratore, quando poco più quale direzione muoverci. Il fatto che fossi un calciatore famoso in tutto il mondo ci agevolò. Credo che ognuno, specie quando può contare su una forte popolarità, abbia una responsabilità sociale all'interno della comunità in cui vive o è cresciuto.

Dal pensiero all'azione passò poco, perché trovammo tanti amici e parenti disposti a darci una mano. Il nome fu presto scelto, senza nemmeno bisogno di scervellarsi: Fundación Pupi, Fondazione Pupi, dove Pupi, oltre a essere il mio nomignolo calcistico, diventò l'acronimo di «Por un piberío integrado», ossia «Per un'infanzia integrata».

Fin dall'inizio furono chiari i concetti su cui poggiava, e poggia tuttora, la Fondazione: soddisfare i bisogni fondamentali dei bambini, garantire loro alimentazione, educazione, igiene, e di conseguenza aiutare le loro famiglie. I problemi che ci trovammo ad affrontare non erano legati solo alla crisi economica. Il disagio di alcuni quartieri, soprattutto nelle periferie più degradate di Buenos Aires, è ancora oggi un fatto sociale. Nelle aree urbane dell'Argentina abitano più di due milioni e mezzo di bambini da zero a nove anni, il 48 per cento dei quali vive nella povertà assoluta. Il distretto di Lanús è una delle zone dove tale disagio raggiunge l'apice. Per questo decidemmo di concentrare le nostre attenzioni su quel territorio, precisamente sulla *villa* della Traza, nel quartiere di Remedios de Escalada, dove la gran parte della popolazione è costretta a vivere in baracche fatiscenti, senza la minima speranza di poter ambire a un futuro migliore. Per chilometri e chilometri si estende una terra desolata. Poche ragazzino lavoravo al fianco di mio padre nei cantieri. Ho sempre visto la casa come il diritto principale di ogni persona. E la Fondazione adesso è la casa per tanti bambini, il punto di partenza per un futuro migliore.

Inizialmente i programmi erano diretti soltanto agli ospiti, ma presto ci rendemmo conto che i bambini vivevano una realtà virtuale: dal lunedì al venerdì si trovavano in un mondo ovattato e sicuro, nel fine settimana invece tornavano nella loro triste realtà famigliare, disperdendo in poche ore tutto quello che avevano imparato. Da qui nacque l'idea di estendere la rete anche ai famigliari, in modo da contrastare l'ignoranza e la miseria attraverso un programma integrale.

Molti dei bambini che ospitiamo non avevano la minima cognizione igienica; non sapevano cosa fosse una doccia e non avevano mai pranzato o cenato a una tavola apparecchiata, perché per loro l'alimentazione era un fatto sporadico e straordinario. Il primo passo è stato proprio insegnare loro le regole igieniche base, e soddisfare per il 75 per cento il loro fabbisogno alimentare giornaliero, attraverso il pranzo di mezzogiorno, uno spuntino nel primo pomeriggio e una merenda abbondante più tardi, visto che per molti la cena è una chimera.

I programmi della Fondazione sono studiati nei minimi dettagli da un'équipe di professionisti. Al mattino ogni bambino viene prelevato dalla propria abitazione e portato in pullman all'asilo o a scuola. Al termine delle lezioni vengono accompagnati alla Fondazione, dove, dopo il pranzo, iniziano le attività complementari. I bambini sono seguiti da operatori specializzati nelle attività più disparate: musica, ginnastica, danza, disegno, teatro, nuoto, rugby, e ovviamente calcio, grazie all'intervento dell'Inter Campus che d'estate mette a disposizione le proprie strutture anche per i fratelli più grandi dei nostri ospiti. Il rugby è un altro sport molto utile dal punto di vista comportamentale. In Argentina è considerato una disciplina per ricchi, e già il fatto di farlo praticare a bambini che non hanno nulla significa porli sullo stesso piano degli altri, e dimostrargli che la loro emarginazione non è assoluta. Chi necessita di cure e attenzioni particolari può contare sul gruppo psicopedagogico che offre assistenza di tipo fonoaudiologico, psicomotorio e psicologico.

Oggi, oltre alla casa madre, si sono aggiunte altre tre abitazioni, più vicine alla Traza, dove si svolgono altre attività, dirette perlopiù ai famigliari. In una di queste è sorta una micro-impresa al femminile, dove attualmente lavorano sei donne che hanno creato un laboratorio di cucito dopo essere state formate dalla Fondazione. Ora sono vere e proprie sarte e lavoratrici in piena regola: hanno imparato a gestire uno stipendio regolare, a rispettare orari, ad aver cura dei macchinari, a relazionarsi con le colleghe. L'avviamento al lavoro è un altro dei nostri obiettivi. Grazie alla collaborazione con alcune aziende abbiamo proposto anche alcuni corsi diretti ai padri dei bambini della Fondazione. Laboratori di falegnameria, corsi per imparare a coltivare l'orto, consulenze tecniche per migliorare artigianalmente le proprie abitazioni. L'altra casa funge da magazzino, mentre l'ultima ospita il progetto *Mamá Amor*, che si occupa di donne incinte e neonati. L'obiettivo è insegnare alle madri, o alle future madri, a prendersi cura dei propri figli attraverso laboratori d'igiene e di cucina, e altri in cui si impara a interagire con i piccoli e giocare con loro. Ogni donna può inoltre contare su un'assistenza medica grazie alla presenza di ginecologi e ostetrici.

La gioia più grande, in questi sette anni di vita del nostro progetto, è stato vedere i progressi di alcuni bambini. Piccoli arrivati tra mille problemi e poi completamente rinati grazie alle cure e all'amore ricevuti giorno dopo giorno alla Fondazione. Ogni volta che torno in Argentina passo diverso tempo insieme ai miei bambini. Quando Paula e io arriviamo è sempre una festa. Il calore, l'affetto, l'allegria che i bambini ci regalano non hanno limiti. Mi piace passare il mio tempo libero tra di loro, informarmi dei loro progressi, sapere che, solo con la mia presenza, posso essere per loro fonte di serenità e felicità. Appena mi vedono mi corrono incontro, mi abbracciano, mi saltano in braccio: mi sento un po' anche il loro capitano.

In questi anni sono stato testimone di storie bellissime. Non scorderò mai Martín che mi corre incontro e pronuncia il mio nome, ma nemmeno tanti altri bambini che sono riusciti a capovolgere un destino avverso. Una vicenda meravigliosa è quella di Gisela. È entrata in Fondazione a quattro anni, segnalata dall'assistenza sociale a causa di un ritardo mentale, lo stesso disturbo di cui soffrivano la madre e i fratelli. In due anni di lavoro paziente e costante con le pedagogiste,

Gisela è riuscita a colmare il suo ritardo, iscrivendosi alla scuola elementare con un quoziente intellettivo nella norma. Era una bambina destinata all'analfabetismo, e di conseguenza all'emarginazione sociale. Grazie a un programma integrale di recupero, è diventata una bambina con le stesse possibilità e speranze degli altri. Adesso è quasi giunta al termine delle scuole elementari senza mai aver ripetuto un anno.

E poi c'è la storia di Nazarena, per anni vittima di un padre alcolizzato e violento. È arrivata da noi quando aveva cinque anni, con gravissimi problemi a relazionarsi con gli altri. Grazie all'intervento legale della Fondazione, il padre è stato allontanato dalla sua abitazione. Ora la bimba vive con la nonna e a distanza di sette anni è un'altra persona. Ride, gioca, scherza. Aveva tanto bisogno d'affetto, di persone che la capissero, che giocassero con lei, che la facessero sorridere.

Infine c'è Denise. È entrata in Fondazione a quattro anni. Non riusciva a camminare a causa di una lieve malformazione fisica. Il vero problema, però, era che nessuno l'aveva mai incentivata a camminare, nessuno le era mai stato accanto. Per dodici mesi, due volte alla settimana, è stata assistita da un fisioterapista. Lunghi esercizi, prove e poi piano piano piccoli grandi miglioramenti.

Ora ha nove anni e cammina perfettamente.

L'idea della Fondazione attecchì subito anche tra i miei compagni di squadra. Devo ringraziare di cuore ancora una volta l'Inter e i tanti amici, di ogni bandiera, che in questi anni mi hanno sempre dato una mano, partecipando con entusiasmo a tutte le nostre iniziative benefiche. Uno dei primi a capire l'importanza e il valore sociale del progetto fu il mio amico Iván Zamorano. Anche il Cile, in quel periodo, non se la passava molto bene, stretto tra crisi economica e miseria. Grazie anche al suo sostegno, scattarono così le prime iniziative per reperire fondi. Il costo per la gestione di una Fondazione di questo tipo è ingente, più di trecentomila euro all'anno, ma nonostante le difficoltà abbiamo sempre continuato a crederci e a ingrandirci perché lungo il nostro cammino abbiamo trovato persone meravigliose, sempre disposte a sostenerci. Per autofinanziarci sono state messe in campo diverse idee, molte delle quali lanciate da mia moglie. Lei è costantemente in contatto con la Fondazione tramite internet. Passa tutto il giorno a organizzare eventi benefici, a trovare nuovi spunti per coinvolgere personaggi del mondo dello sport e dello spettacolo. La sua passione per la fotografia è stata molto importante. Abbiamo realizzato calendari, l'ultimo dei quali con la partecipazione straordinaria di Paolo Maldini, capitano del Milan e persona dalla squisita sensibilità.

Si dice spesso che il calcio sia uno sport popolato da bambini viziati, gente avida che pensa solo ai soldi e al successo. Per quanto mi riguarda, posso affermare solo il contrario; ho trovato tantissimi colleghi pronti ad aiutarmi in ogni modo. Una delle iniziative vincenti per reperire fondi è mettere all'asta, attraverso il portale internet e-bay, maglie da calcio che compagni di squadra e avversari mi regalano dopo le partite. La generosità degli italiani si è rivelata una piacevolissima sorpresa: se oggi centocinquanta bambini e le loro famiglie possono sperare in un futuro migliore, molto è merito loro. I bambini possono anche essere adottati a distanza con un contributo che permette, con meno di un euro al giorno, di garantire alimentazione, istruzione, salute e abbigliamento. Alla Fondazione abbiamo un motto: «Non c'è nessuno così forte che possa farcela da solo e nessuno così debole che non possa essere d'aiuto».

L'appoggio dei colleghi calciatori non si esaurisce allo scambio di maglie. Molti hanno partecipato agli eventi – sfilate, incontri, calendari – che presentiamo durante l'anno. Nel periodo natalizio, quando in Argentina fa caldissimo, è ormai tradizione organizzare una partita benefica a Buenos Aires presso la mitica Bombonera, lo stadio del Boca Juniors. Campioni di oggi e di ieri, compagni di squadra ed ex compagni ogni volta si prodigano per darmi una mano. Ed è sempre una festa: giocare a calcio sapendo che ciò può produrre solo del bene è una sensazione fantastica; sapere che la nostra presenza in campo porterà qualche beneficio anche a un solo bambino è qualcosa d'impagabile. Lo ripeto: non c'è nulla di più bello che essere d'aiuto agli altri. Un concetto caro pure a tanti personaggi dello spettacolo. L'esempio lampante è stato la pubblicazione di *Stelle e Pupi*, un dvd che raccoglie diversi sketch fatti da me insieme a personaggi come Ligabue (uno dei miei miti musicali), Aldo, Giovanni e Giacomo, Ale e Franz, la Gialappa's Band e con la partecipazione straordinaria di un amico come Roberto Baggio.

Grazie anche a loro, e all'affetto dei tanti tifosi che sostengono la Fondazione (non solo interisti), oggi i miei bambini di Lanús possono concretamente credere in un domani più sereno. Io mi sento il responsabile del loro avvenire, e voglio continuare, con la collaborazione di chi, mia moglie in testa, ogni giorno sta al mio fianco, a portare avanti questo sogno. Quando il Comune di Milano, nel 2005, mi ha assegnato l'Ambrogino d'oro, una delle benemerenze cittadine più importanti, per la mia attività con la Fondazione, per me è stato come vincere il Pallone d'oro. È stato uno sprone in più a continuare, e il riconoscimento ai tanti sforzi fatti in questi anni. Ma non siamo che all'inizio del cammino: i nostri Pupi sono il nostro futuro, e sperare in un futuro migliore, oggi, dipende soprattutto da noi.

Io sono interista

Rimettere insieme i cocci dopo il 5 maggio non fu semplice. Nemmeno il Mondiale nippocoreano di quell'estate del 2002 riuscì a sopire del tutto il ricordo della nostra sconfitta in campionato. E ad agosto, all'inizio della nuova stagione, molte cose cambiarono. Ronaldo, il giocatore più amato dai tifosi dell'Inter, decise di accasarsi altrove, preferendo proseguire la carriera in Spagna con la maglia del Real Madrid. Non ho mai condiviso la sua scelta né tantomeno accettato le motivazioni che lo portarono ad abbandonare Milano, una separazione, si diceva, dovuta a presunti contrasti con Héctor Cúper. Lo dissi allora e lo ripeto ancora oggi: Ronie è stato uno dei più grandi calciatori della storia, probabilmente il giocatore più forte con il quale ho avuto l'onore di giocare, ma in quel frangente non si comportò correttamente nei confronti di Massimo Moratti e dei milioni di tifosi interisti che lo avevano eletto a idolo incontrastato, aspettando e soffrendo insieme a lui durante i suoi due lunghi infortuni. Per lui rinunciai persino alla fascia di capitano, cedendogliela, dopo il suo calvario, per fargli capire quanto la squadra lo appoggiasse, e quanto lui fosse importante per tutti noi. Non bastò. Ma il calcio è una ruota: i giocatori, i dirigenti, i presidenti e gli allenatori passano, i colori del club rimangono.

Durante il secondo anno con Cúper in panchina cominciò a crescere la colonia argentina. Oltre a me, Nelson Vivas, Matías Almeyda e Andrés Guglielminpietro, arrivarono anche Kily González, Hernán Crespo e poi, a stagione in corso, pure un altro grande bomber come Gabriel Batistuta. Anche senza Ronaldo, il nostro giocatore più rappresentativo, l'Inter fu protagonista di una buona stagione, ma, ancora una volta, era in serbo per noi un'altra fortissima delusione, stavolta in Champions League. Il ricordo mi brucia ancora adesso. Dopo venticinque anni, l'Inter riuscì ad arrivare in semifinale nella coppa più prestigiosa d'Europa. L'urna del sorteggio però fu malefica: Inter-Milan, la sfida che chiunque, su entrambe le sponde, avrebbe voluto evitare in ogni modo. Per giorni e giorni non si fece che parlare di quello. D'altra parte era il primo euroderby della storia, la prima volta che le due formazioni si scontravano in Europa. Facile immaginare la pressione e l'ansia che ci attanagliarono i giorni precedenti alla grande sfida. Già il derby, di per sé, è una partita anomala, la più temuta e allo stesso tempo la più affascinante. Inter e Milan non sono semplicemente le due squadre di Milano, sono due stili opposti, due filosofie agli antipodi. Ho però sempre avuto un sincero rispetto per i «cugini» e per molti giocatori rossoneri. Primo tra tutti Paolo Maldini, a mio parere uno dei più grandi di tutti i tempi. Fino ad allora il derby era sempre visto come la sfida per la supremazia cittadina, ma nel maggio 2003 si trasformò in qualcosa di molto più importante. In ballo c'era l'Europa, e Milano era diventata la capitale del calcio continentale: non si trattava di un derby qualunque, era l'euroderby.

La partita d'andata si concluse 0-0. Poche occasioni da una parte e dall'altra, risultato sostanzialmente giusto e, sulla carta, tutto sommato buono per noi, dal momento che giocavamo in trasferta. Non era comunque sufficiente per dormire sonni tranquilli in prospettiva della gara di ritorno. Fu un'altra settimana di passione. Chiunque incontrassi per strada mi ricordava della partita, non passava minuto che giornali, radio e televisioni parlassero dell'atto conclusivo dell'euroderby, quello che avrebbe proclamato il vincitore. A noi sarebbe bastato vincere 1-0 per coronare un sogno coltivato da cinque lustri, e per volare a Manchester a giocarci la finalissima. Ricordo che quella sera San Siro era una bolgia. Sugli spalti non c'era mezzo seggiolino vuoto, e a parte la curva ospite ogni angolo dell'impianto era colorato di nerazzurro. Come all'andata la gara è equilibrata, ma a fine primo tempo arriva la doccia gelata: Shevchenko sguscia via a Córdoba e sotto misura batte Toldo. A quel punto, per qualificarci, avremmo dovuto fare due gol. Nel secondo tempo ci mettiamo l'anima, e forse qualcosa di più. E anche grazie alla spinta dei nostri tifosi, a otto minuti dal termine riusciamo a pareggiare con un gol di Martins. Ultimi minuti con l'adrenalina a mille. Il pareggio aveva piegato il Milan, e a quel punto la situazione si era capovolta a nostro favore, solo che il tempo era ormai agli sgoccioli. Non scorderò mai quell'assalto finale, con tutto il pubblico in piedi a incitarci, una marea nerazzurra che voleva spingere il pallone in rete. L'occasione buona capitò a Kallon proprio allo scadere, ma Abbiati, il portiere del Milan, con un miracolo frantumò i nostri sogni di gloria. Il triplice fischio dell'arbitro fu il definitivo macigno sulle nostre speranze. Alla fine di quella partita ero distrutto. Fisicamente e psicologicamente. Avevo dentro talmente tanta rabbia e tanta frustrazione che non riuscii a trattenere le lacrime. Scoppiai a piangere come un bambino, preso dallo sconforto. Eliminati senza perdere, contro il Milan, in semifinale di Champions League. Non so dire se fu più dura digerire la sconfitta del 5 maggio o quella. Nella bacheca dei miei dispiaceri calcistici si meritano il primo posto a pari merito.

L'anno successivo fu di transizione. Dopo sei partite di campionato Cúper, l'uomo che ci aveva portato a un passo dallo scudetto e dalla finale di Champions, fu esonerato. Non avevamo iniziato bene il campionato, e il presidente Moratti ritenne giusto cambiare per dare una scossa alla squadra. Arrivò Alberto Zaccheroni, interista dichiarato ed ex allenatore del Milan, squadra con cui, nel 1999, aveva conquistato lo scudetto. Il mister ebbe poco tempo per inculcarci le sue idee tattiche. Fatto sta che la stagione non fu memorabile: eliminati in Champions e poi anche in Coppa Uefa; in campionato ci salvammo conquistando il quarto posto che valeva l'Europa dei grandi.

Io sono interista

Nella stagione 2004-2005 si aprì un nuovo ciclo, quello che ci avrebbe portato, in breve tempo, a vincere l'agognato scudetto. In panchina arrivò Roberto Mancini, ex grande giocatore che avevo già incontrato diverse volte in campo, finale di Coppa Uefa 1998 compresa. La colonia argentina, nonostante la perdita di alcuni «pezzi», continuava intanto a infoltirsi. L'anno prima erano arrivati Cruz, già mio compagno in passato al Banfield, e González; poi via via arrivarono Verón, Burdisso ed *el Cuchu* Cambiasso.

I primi due anni con Mancini servirono da apprendistato. La squadra fu rivoluzionata sia nella formazione sia nel modulo di gioco. Cominciammo tra risultati altalenanti, ma la conquista della Coppa Italia contro la Roma, la squadra che nelle stagioni successive sarebbe stata la nostra grande rivale, segnò il primo passo per plasmare un gruppo vincente. In Europa però le cose andarono meno bene. La sorte ci riservò un altro euroderby contro il Milan. L'occasione della rivincita dopo l'amarezza del 2003. Purtroppo si mise subito male: 2-0 nella sfida d'andata, poi al ritorno la partita fu sospesa a pochi minuti dalla fine per il lancio di fumogeni dei nostri tifosi. Non giustifico l'episodio, ma la loro pazienza era giunta al limite. Comunque sarebbe bastato aspettare ancora qualche mese per ricombinare le tessere del puzzle.

L'anno seguente fu infatti quello della svolta. Non solo per l'Inter, ma per tutto il calcio italiano. Il vento cambiò definitivamente. Ancora con Mancini al timone, arrivò un'altra vittoria in Coppa Italia, sempre contro la Roma. Ma non fu certo quel successo, benché importante, a segnare il confine con il passato. Nell'estate 2006 tutti i nodi vennero al pettine. Nei miei primi dodici anni in nerazzurro avevo vinto una Coppa Uefa e due Coppe Italia. Poco, ma sentivo che mi mancavano almeno un paio di scudetti, e che se tutto si fosse svolto secondo le regole, quei titoli sarebbero finiti nella bacheca dell'Inter.

Quell'estate fu caldissima, e non solo per la temperatura e perché la Nazionale italiana vinse il titolo mondiale. Fu lo spartiacque tra il passato e il presente. Quando sento dire che Calciopoli è stata tutta una montatura, una macchinazione ordita dall'Inter mi viene da ridere. Le persone coinvolte sanno benissimo che non è così. Si nascondono dietro un dito. Ci sono prove, ci sono fatti, ci sono intercettazioni che svelano ogni cosa.

È stata dura per noi, e per i tifosi interisti, sopportare per anni imbrogli, giochi di potere e gli sfottò dei tifosi avversari, che ovunque andassimo ci cantavano il coretto: «Non vincete mai». Il mutamento si consumò nel giro di un paio di mesi. E la verità, quella che qualcuno ancora oggi fatica ad accettare, infine venne a galla. Il «sistema», come è stato definito, per anni ci aveva tagliato fuori. Con questo non intendo dire che non ci siano stati errori da parte nostra, però, quegli errori di sicuro furono amplificati dal contesto.

Il calcio, come ho già scritto, è una ruota che gira. Non mi sono mai rassegnato, ho sempre creduto fortemente che, prima o poi, sarebbe arrivato il nostro momento. Lo scudetto a tavolino che ci fu assegnato nel 2006 fu il risarcimento di quanto ci era stato sottratto negli anni antecedenti. Niente di più. Noi abbiamo fatto solo il nostro dovere. Non era certo colpa nostra se le due squadre che ci avevano preceduto in classifica erano state punite, e quindi penalizzate. Molti critici e giornalisti, anche autorevoli e di fede nerazzurra, condannarono la decisione di Moratti di accettare quello scudetto arrivato per posta. Non ho mai capito le loro ragioni. Certo, non era la stessa cosa vincere un titolo in quel modo, senza poterlo festeggiare in campo e con l'abbraccio dei tifosi. Ma perché mai avremmo dovuto rinunciarvi? Non avevamo nulla da nascondere, eravamo puliti. E soprattutto eravamo orgogliosi di essere interisti. Un aggettivo che, da allora, vale più di mille parole.

Italiani d'Argentina, argentini d'Italia

Mi considero un emigrante di ritorno. In Italia ho trovato una seconda patria, quella che i miei avi lasciarono tanti anni fa. Forse è anche per questo che non mi sono mai spostato, e per ora non ho alcuna intenzione di farlo. L'Italia è un Paese che mi ha dato tanto, che mi ha accolto quando ero uno sconosciuto e mi ha permesso di diventare un calciatore vero. Non potrei mai dimenticare le mie radici e la mia terra, ma dopo quindici anni mi sento anche italiano. I miei figli, Sol e Ignacio sono nati in Italia; la mia storia d'amore con Paula è cresciuta in questo Paese. Sono innamorato di Como e del suo lago, adoro il cibo italiano. Spesso mi chiamano Saverio al posto di Javier, un po' perché il mio nome non è facilissimo da pronunciare (e molti lo storpiano), un po' perché, probabilmente, ormai mi considerano italiano a tutti gli effetti. *Honoris causa*, diciamo.

Di frequente l'Inter è stata criticata per contare troppi stranieri tra le sue fila. Ma se uno che non s'intende di calcio leggesse i cognomi di parecchi giocatori degli ultimi anni, di sicuro non troverebbe tutta questa «esterofilia»: Zanetti, Cambiasso, Burdisso, Crespo, Solari... Calciatori nati in Argentina ma con chiare radici italiane. Oriundi, si diceva un tempo. Sarà per via dei nostri cromosomi che ci adattiamo più facilmente alla vita in Italia e alla Serie A. Stare in Italia per noi è come essere a casa, anche se qualcosa del nostro Paese ovviamente ci manca. All'Inter ho avuto la fortuna di giocare insieme a tanti connazionali. La «colonia argentina», come spesso viene chiamata, è stata un punto forte delle ultime stagioni. Ma non siamo mai stati un clan. Talvolta qualcuno parla di spogliatoio dell'Inter diviso in «gruppetti», di spogliatoio spaccato: nulla di più falso. È un po' come la storiella della rivalità tra argentini e brasiliani. La rivalità esiste, è vero, ma solo quando s'incontrano le due Nazionali. Fuori del rettangolo di gioco tutto torna come prima. Con i miei compagni brasiliani ho sempre avuto un ottimo rapporto. Ero molto amico di Roberto Carlos, tra l'altro un ragazzo simpaticissimo, del resto i brasiliani sono così: estroversi, sempre allegri. Lo noto ogni giorno allenandomi con gente come Maicon e Júlio César: altro che rivalità, con loro c'è solo da divertirsi.

Ovvio che poi, fuori dal campo, noi argentini spesso facciamo comunella, ma per una semplice identità culturale. In ritiro ci divertiamo un sacco a suonare la chitarra e pur non essendo proprio degli assi Burdisso, Walter Samuel e io ci alterniamo a strimpellare. È un modo per stemperare la tensione prima delle partite, e anche per fare gruppo. Mi piace molto suonare e cantare le canzoni di Ligabue, uno dei miei beniamini musicali insieme a Laura Pausini, Eros Ramazzotti e Los Piojos, letteralmente «i pidocchi», uno dei gruppi rock argentini più importanti. La musica ha sempre fatto parte della mia vita. Fortunatamente sono intonato, e così quando c'è da cantare non mi tiro certo indietro. Registrare *Pazza Inter*, la canzone che poi è diventata in pratica l'inno della squadra e che a San Siro risuona ogni volta che entriamo e usciamo dal campo, è stata un'esperienza bellissima. Tuttavia non potrò mai scordare il duetto con Mina, la regina della musica italiana. Mi ha scelto come voce maschile di *Parole parole*, preferendomi ad altri candidati illustri, tra i quali un certo Antonio Banderas. Purtroppo non abbiamo registrato in contemporanea, ma di sicuro rimarrà tra i miei ricordi più belli.

Un'altra usanza di noi argentini è bere il mate in compagnia. Si tratta di un'infusione preparata con la cosiddetta erba mate, un'erba che cresce in Sudamerica, in un apposito recipiente e che poi si beve aggiungendo acqua calda e zucchero a piacere. In Argentina è un rito, come lo è grigliare la carne. L'*asado*, carne di manzo cotta alla brace, è la nostra specialità. Di solito noi compagni di squadra con le rispettive famiglie ci ritroviamo a casa di qualcuno e grigliamo carne tutta sera. L'usanza è stata portata anche alla Pinetina, ad Appiano Gentile, nel centro dove ci alleniamo tutti i giorni. Spesso abbiamo organizzato grigliate invitando tutta la squadra, presidente compreso. Maestri della griglia sono Samuel e Burdisso, arcigni difensori in campo ma pure raffinatissimi chef. Anche una grigliata può essere utile per cementare il gruppo, per festeggiare una vittoria o dimenticare una sconfitta. La forza di una squadra si vede anche in queste piccole cose. È dal gruppo che parte tutto, è dall'armonia tra giocatori, staff tecnico e dirigenti che nascono i risultati. E negli ultimi anni all'Inter si è formato un gruppo vero, dove sono stati messi da parte gli individualismi ed è stata posta al centro la squadra, l'unica cosa che conta.

Dicono che nel calcio non esistono più le bandiere. Forse in parte è vero, ci sono sempre meno giocatori che si affezionano davvero alla maglia. Ma se si guardano le grandi squadre, tutte possono contare su un leader, su un capitano che da tanti anni dà l'anima per quei colori. Nel Milan c'è Paolo Maldini, nella Juventus Alessandro Del Piero, due grandi calciatori e due persone straordinarie che, al di là della rivalità calcistica, ho sempre stimato molto. Non mi è mai piaciuto autocelebrarmi, ma anch'io ormai – l'età purtroppo non mi dà scampo – sono una bandiera dell'Inter. Addirittura Massimo Moratti mi ha definito «la bandiera»: detto da lui è una soddisfazione enorme. Forse solo quando ho superato Giacinto Facchetti nel numero di presenze in nerazzurro, diventando il secondo giocatore della storia dopo Beppe Bergomi, ho capito davvero cosa significa essere una bandiera. Aver superato una leggenda come Giacinto, il giocatore che meglio e più di tutti ha incarnato lo spirito dell'Inter, è qualcosa di incredibile. Non ci avrei scommesso mezzo centesimo al mio arrivo in Italia, e penso che nessun altro l'avrebbe fatto. Tuttavia, nonostante sia arrivato così in alto non mi voglio certo fermare.

Italiani d'Argentina, argentini d'Italia

Spesso mi chiedono i segreti della mia longevità calcistica. La mia risposta è sempre la stessa: nessun segreto. Devo ringraziare madre natura per avermi donato questo fisico, malgrado qualcuno da ragazzino dicesse che ero troppo piccolo per giocare... E poi ho sempre fatto una vita da atleta, sana, priva di eccessi. Non ho mai sgarrato, mi sono sempre allenato con la massima serietà e grande puntiglio, non ho mai subìto infortuni gravi. Per me, dopo tanti anni passati sui campi di calcio, giocare è ancora un piacere. Mi diverto, come all'inizio. Credo che questo sia un altro fattore fondamentale. Con il tempo poi, ovviamente, ho imparato a gestirmi meglio, a dosare le forze con maggior oculatezza rispetto a quando avevo vent'anni. A trentacinque anni suonati gioco ancora tutte le partite, senza fermarmi mai, neppure quando sono costretto a lunghi viaggi transoceanici per giocare con la mia Nazionale. Ormai ho talmente familiarità con i voli aerei che mi addormento ancora prima del decollo. È un modo per ottimizzare i tempi. E poi con i bambini piccoli sono sempre in movimento, in estate mi tengo allenato così, rincorrendoli tutto il giorno: una bella faticaccia. Molti mi definiscono un «robot», io credo semplicemente di aver messo a frutto i miei doni e di averli coltivati bene.

Spero soprattutto di essere diventato un esempio per i più giovani. Con il solo talento non si va da nessuna parte, se non ci si aggiunge anche tanta costanza e tanta applicazione. Mi piace stare in mezzo ai ragazzi, e mi fa piacere che i miei compagni entrati nel calcio da poco mi chiedano consigli e mi considerino un po' come un fratello maggiore. Nell'Inter ci sono tanti giocatori che possono raccogliere la mia eredità. Il mio amico Esteban Cambiasso è visto da tutti come il capitano del futuro: ne ha tutte le qualità, è un grande calciatore e una persona di valore. Come tipo di giocatore invece credo che Davide Santon sia quello che mi assomiglia di più. Non voglio mettergli pressione, ma se continua con lo stesso impegno e con la stessa umiltà potrà fare grandi cose.

Comunque, almeno fino al 2011 i miei successori dovranno mettersi il cuore in pace. Non ho alcuna intenzione di mollare proprio adesso che l'Inter ha cominciato a vincere. E poi non mi sento minimamente appagato, nonostante i tanti record che ho raggiunto in questi anni. Sento di poter dare ancora molto a questa maglia. Per ora mantengo la testa del calciatore, e spero di averla a lungo. Quando un giornalista ha chiesto a Cambiasso se nel 2014, anno in cui gli scadrà il contratto con l'Inter, sarà lui il capitano, tra il serio e il faceto *el Cuchu* ha risposto: «No, perché nel 2014 Javier Zanetti sarà ancora in campo». Chissà che non abbia davvero ragione.

La Selección

Non mi ha mai pesato viaggiare da un capo all'altro del mondo per vestire la maglia della mia Nazionale. Sono in Italia da quindici anni, ma al fascino della Selección non ho mai saputo resistere: finché non arriverà qualcuno che non mi riterrà più indispensabile, continuerò a volare oltreoceano per dare il mio contributo. È un atto che non mi costa alcuna fatica, nemmeno ora che non sono più un ragazzino. L'amore e la passione per la camiseta albiceleste sono rimasti gli stessi degli esordi. Nulla è cambiato: per un calciatore la gratificazione maggiore è poter difendere i colori del proprio Paese, a venti come a trentacinque anni.

Ho avuto la fortuna di entrare molto presto nel giro delle Nazionali. A ventun anni il mio debutto: Daniel Passarella mi convoca per l'amichevole contro il Cile, a Santiago, pochi mesi dopo aver esordito nella Primera división argentina con la maglia del Banfield. La squadra doveva essere ricostruita in seguito alla delusione dei Mondiali di Usa '94, il torneo che in pratica segnò il capolinea di Diego Armando Maradona. Iniziò alla grande: 3-0 per noi. Chi l'avrebbe mai detto che quell'avventura sarebbe durata per oltre quindici anni. Anzi, sono convinto che il bello debba ancora venire. Voglio mettercela tutta per realizzare uno dei miei ultimi sogni calcistici: giocare il Mondiale del 2010 in Sudafrica. Avrò quasi trentasette anni, ma se tutto filerà liscio credo che potrò ancora essere utile alla causa. Del resto devo rimarginare alcune ferite. Finora non ho vinto un titolo con la maglia della Nazionale, l'ho sfiorato più volte, ma il gradino più alto del podio non sono riuscito a raggiungerlo.

In compenso la maglia albiceleste mi ha regalato altre grandi soddisfazioni. Per anni sono stato il capitano della squadra, e da qualche tempo detengo il primato di presenze, 129 al momento (ma spero che il numero sia destinato ad arrotondarsi ulteriormente). Se guardo questa speciale classifica mi vengono quasi i brividi. Dietro di me ci sono autentici mostri sacri del nostro calcio: Ayala, Simeone, Ruggeri, Maradona, Ortega, Batistuta, Passarella... Sono fiero e orgoglioso di questo record, di essere entrato nella storia della mia Nazionale. Proprio per questo, nonostante nel campionato argentino abbia giocato pochissimo, sono diventato un simbolo calcistico anche in patria. Comunque spero di aver lasciato un segno non solo sul campo, ma pure fuori. Non mi è mai interessata l'idolatria strettamente sportiva: mi piacerebbe che i miei connazionali vedessero oltre il calciatore, che capissero quanto sono rimasto attaccato alla mia terra malgrado la lunga lontananza.

La Selección

La mia prima grande avventura con la Selección, dopo il debutto di Santiago, è datata luglio-agosto 1996, periodo in cui si disputarono le Olimpiadi di Sidney. Con la compagine Under 23, diretta sempre da Passarella, ci togliemmo delle belle soddisfazioni, sebbene la medaglia d'oro ci sia fuggita proprio sul filo di lana. Quell'avventura però mi è rimasta nel cuore: è stata la mia unica partecipazione alle Olimpiadi, una competizione che si distingue da tutte le altre. Quando si sente dire che durante i Giochi si respira un clima unico non si è di fronte a una frase di circostanza. Trovarsi insieme ad atleti provenienti da ogni angolo del mondo, in quell'atmosfera di festa e fratellanza, è davvero una sensazione speciale. Da tanti anni l'Argentina non riusciva a conquistare una medaglia, precisamente dal lontano 1928, quando la Selección salì sul secondo gradino del podio. Pertanto nei nostri confronti c'era molta attesa, anche perché eravamo una squadra con i numeri per arrivare fino in fondo. Passarella allestì una formazione giovane, come da regolamento, e comunque composta da giocatori che avevano sulle spalle già una discreta esperienza, e destinati a diventare l'ossatura della Nazionale maggiore del futuro. Tra i miei compagni c'erano giocatori che mi avrebbero poi seguito all'Inter, come Diego Simeone, Hernán Crespo e Matías Almeyda, ma anche tanti altri che avrebbero assaggiato il proscenio della Serie A, quali *el Piojo* López, Sensini, Ayala, Chamot, Ortega.

Tutti avrebbero scommesso su una finale tra l'Argentina e il Brasile, squadrone che poteva contare su assi come Ronaldo, Roberto Carlos, Bebeto e Juninho.

E invece, tra lo stupore generale, la *Seleçao* brasiliana fu eliminata in semifinale dalla Nigeria. Noi invece rispettammo il pronostico, battendo 2-0 il Portogallo in semifinale grazie a due gol di Crespo. Finalissima inedita, dunque: Argentina contro Nigeria. C'era tanta Inter del futuro in quella sfida. Oltre a me, Almeyda, Simeone e Crespo, dall'altra parte erano schierati infatti Nwankwo Kanu e Taribo West: il primo avrebbe raggiunto Milano proprio dopo quella partita, il secondo sarebbe arrivato a rinforzare la difesa (e a portare tanta allegria, Taribo era un personaggio mitico) durante l'epoca di Gigi Simoni. Fu una partita tiratissima. Passiamo in vantaggio noi con *el Piojo*, pareggiano loro con Babayaro; torniamo avanti noi con Crespo, poi di nuovo parità. L'equilibrio dura fino a una manciata di secondi dal termine, quando ormai lo «spettro» dei supplementari sembra inevitabile, ma allo scadere un gol di Amuneke ci condanna al secondo posto. La medaglia d'argento fu comunque un risultato storico, visto che in patria mancava da ben sessantotto anni.

Non sono stato fortunato nemmeno nel 2004, finalissima di Coppa America a Lima, in Perù, contro gli eterni rivali del Brasile. Ancora una volta fu una sfida a tinte nerazzurre. E in quell'occasione fu proprio un mio compagno interista a farmi un bello scherzetto, di nuovo allo scadere. Parlo di Adriano, autore al 93° minuto del gol del 2-2, quando ormai stavamo pregustando il sapore dolce della vittoria. Quel gol capovolse ogni prospettiva: per noi fu una mazzata tremenda, per il Brasile un toccasana. La lotteria dei calci di rigore ancora una volta mi porta male. Come nel 1997, ai tempi della finale di Coppa Uefa contro lo Schalke 04. Morale della favola, i brasiliani non sbagliano un colpo, mentre Júlio César, portiere del Brasile e mio futuro compagno all'Inter, para il primo tiro di D'Alessandro e ci condanna alla sconfitta. Fu una bella botta, un altro sogno svanito sul più bello. Ma sarebbe stata l'ultima delusione dagli undici metri: di lì in avanti il destino mi avrebbe restituito tutto ciò che mi aveva tolto.

Se Olimpiadi e Coppa America sono due tornei prestigiosi, per un calciatore il massimo è rappresentato comunque dai Mondiali. Poche storie: nessuna competizione ha lo stesso fascino. I Giochi olimpici sono unici per l'atmosfera che si respira, perché sono un inno ai valori più autentici dello sport; la Coppa America è molto sentita per il «campanilismo» che serpeggia tra le varie squadre partecipanti, ma i Mondiali sono tutt'altra cosa. Giocare un Mondiale è il coronamento di un sogno coltivato fin da bambini, l'apice della carriera di un calciatore. L'occasione arrivò nel 1998, torneo iridato di Francia. Arrivai all'appuntamento caricato dalla Coppa Uefa vinta pochi mesi prima con l'Inter. Era il primo Mondiale dell'era post Maradona. Ci presentammo tra le squadre favorite per la vittoria finale. Il gruppo era più o meno lo stesso che aveva conquistato la medaglia d'argento alle Olimpiadi, con l'aggiunta di altri fuoriclasse come Batistuta e Verón (tanto per cambiare, due atleti che hanno giocato anche nell'Inter). L'inizio dell'avventura fu subito positivo. Nelle tre sfide del girone eliminatorio arrivarono altrettante vittorie, contro Giappone, Giamaica e Croazia. Tuttavia negli ottavi di finale il tabellone ci riservava un avversario che tutti avremmo voluto evitare: l'Inghilterra. Dodici anni dopo la mano de Dios, dopo una delle sfide più memorabili della storia del calcio, eccoci di nuovo di fronte ai «nemici» inglesi. Certo, i tempi erano cambiati, il ricordo della guerra delle Malvinas si era fatto più sfumato. Ma la rivalità era rimasta la stessa, e per molti di noi, ragazzini nel 1986, la gara con l'Inghilterra rappresentava la Partita con la «p» maiuscola. Per giorni si parlò di grande rivincita, degli inglesi che volevano vendicare la beffa subita in Messico; dal canto nostro noi volevamo dimostrare che quanto successo dodici anni prima non era stato frutto del caso o della fortuna. In campo fu una vera battaglia. Passiamo noi con un rigore di Batistuta, poi Shearer, sempre dal dischetto, e Owen completano la rimonta inglese. Poi si realizza un sogno. Il mio sogno di tredicenne innamorato di Maradona, che di giorno correva a perdifiato dietro a un pallone e di notte immaginava di fare un gol come quello di Dieguito in un Mondiale. Scocca il 45° minuto, punizione per noi quasi al limite dell'area. Invece di tirare direttamente in porta, Verón sorprende tutti e mi sforna un assist al bacio: io mi stacco dalla barriera inglese, controllo la palla di destra e calcio di mezzo esterno sinistro verso la porta di Seaman. La palla finisce quasi all'incrocio dei pali, dove il portiere inglese non può arrivare. È stato uno dei gol più importanti della mia carriera; di certo non si può paragonare a quelli di Maradona, ma fu la rete che ci permise di rimetterci in carreggiata per andare a vincere la partita. Ricordo l'esultanza che ne seguì: io che non capisco più nulla mentre tutti mi saltano addosso; finisco sdraiato per terra, sotterrato dall'abbraccio dei compagni e intanto sulle tribune sventolano i vessilli biancazzurri e i telecronisti argentini impazziscono di gioia con il rituale grido infinto: «Goooooooooool!». Nel secondo tempo il risultato rimane inchiodato sul 2-2. Nonostante la famosa espulsione di Beckham, dopo un fallo di reazione su Simeone, l'Inghilterra riuscì a tenere il pareggio fino ai rigori. Ancora una volta il mio destino e quello della Selección sarebbe stato deciso dagli undici metri. Stavolta però, dopo tanta sfortuna, la dea bendata girò lo sguardo dalla nostra parte. Dodici anni dopo, l'Argentina riusciva a battere di nuovo l'Inghilterra al Mondiale, proprio come quel giorno di giugno del 1986. Sullo slancio di quel successo pensavamo di poter arrivare fino in fondo. Invece ci presentammo alla sfida con l'Olanda un po' scarichi fisicamente per la lunga battaglia con gli inglesi. In quell'occasione non fummo però nemmeno molto fortunati, visto che i «tulipani» segnarono, ancora una volta, proprio allo scadere: bellissimo gol di Dennis Bergkamp (molti lo ricorderanno anche con la maglia dell'Inter) e 2-1 finale per loro.

Quattro anni dopo, in Corea e Giappone, ci presentammo un'altra volta tra le squadre favorite. Ma in quell'occasione tutto girò come peggio non poteva andare. Eliminati dopo il girone di qualificazione, e per di più subendo, stavolta, una sconfitta dagli inglesi. La sorte ci riservò un raggruppamento molto duro, che molti non esitarono a definire «il girone della morte». Oltre a noi c'erano infatti Inghilterra, Svezia e Nigeria. Iniziamo bene battendo proprio gli africani, prendendoci così la rivincita delle Olimpiadi, ma nella seconda partita con gli inglesi arriva una bruciante sconfitta, 1-0 con gol di Beckham. Nell'ultima sfida contro la Svezia, quella decisiva, riusciamo a strappare solo un pareggio. Troppo poco per qualificarci: si torna a casa, con una sensazione di delusione mista a sconforto.

Aspettai quattro anni per vendicare quel Mondiale. E invece il destino mi riservò un altro manrovescio, benché, a dirla tutta, non fosse proprio una grande sorpresa. Da tempo sapevo di non essere nelle grazie di José Pekerman, il commissario tecnico dell'epoca. E infatti, quando fu diramata la lista dei convocati, il mio nome non c'era. Personalmente fu un'estate agrodolce: da una parte c'era la mia Inter che si stava riprendendo ciò che le era stato sottratto gli anni precedenti; dall'altra la mia cocente delusione per l'esclusione dalla Selección. Nessuno mi spiegò le ragioni di tale scelta. Non ero l'ultimo arrivato, per anni ero stato capitano e mi avviavo verso il record di presenze. La presi comunque con filosofia, convinto che in futuro avrei potuto dare ancora tanto per la maglia. Anche se non giocai il Mondiale 2006, mi sentivo ancora parte della Selección. La mia pazienza fu premiata, perché dopo quell'avventura Pekerman diede le dimissioni, e con il ritorno di Alfio Basile in panchina ricominciò la mia avventura.

Ora il mio obiettivo è giocare (almeno) un altro Mondiale, e cercare di vincerlo, per dimenticare le delusioni del passato. A guidare il nuovo corso argentino adesso c'è lui, l'idolo assoluto, Diego Armando Maradona. Mi ha fatto un certo effetto trovarmelo come commissario tecnico: per noi argentini rimarrà sempre il mito, ma ha già dimostrato di sapersela cavare egregiamente anche in veste di allenatore. Ho trovato una persona molto affabile e tranquilla, un mister con le idee chiare che sa quello che vuole e che, soprattutto, tiene come nessun altro alla causa argentina.

Con lui in panchina e il genio di Leo Messi in campo abbiamo tutte le carte in regola per arrivare lontano.

Il capitano del centenario

«Hanno scelto per noi i colori del cielo e della notte. Sono passati cento anni e li ringraziamo ancora per aver fondato l'Internazionale Football Club. Era la sera del 9 marzo 1908, erano poco più di quaranta: oggi siamo milioni. Si radunarono nel cuore di Milano presso il ristorante L'Orologio. Erano ribelli e avevano un sogno: dare la possibilità a tutti, italiani e stranieri, di giocare a calcio per la stessa bandiera nerazzurra! Sono passati cento anni da quella sera, cento anni di passione e bellezza, cento anni di attese, di fantasie, cento anni di sfide, di vittorie e di orgoglio: di tantissimo orgoglio. Questa è la notte della memoria e la notte del futuro, del filo che unisce i campioni di ieri, di oggi, di domani. È la notte che sognavano in quel lontano 9 marzo e che noi regaliamo ai nostri bambini. È la notte di tutti gli interisti, piccoli e grandi, vicini e lontani. Per cento di questi giorni, per cento di queste emozioni, per sempre solo Inter!»

Mi vengono ancora i brividi quando mi capita di riascoltare le parole che Gianfelice Facchetti, il figlio del grande Giacinto, pronunciò a San Siro durante la festa del centenario interista. Ho avuto la fortuna di vivere in prima persona le celebrazioni, e soprattutto di godere da capitano quel memorabile evento. La sera dell'8 marzo 2008, la vigilia del compleanno interista, non la scorderò mai. Rimarrà per sempre impressa nel mio cuore, nello scrigno dei miei ricordi più cari.

Quando entrai in campo a salutare il pubblico, insieme a tutte le altre grandi glorie interiste, mi sentii un puntino sperduto nella galassia nerazzurra, come sommerso da quella marea di gente sugli spalti in attesa di condividere con noi un momento unico e irripetibile. Più di ottantamila persone arrivate da ogni angolo d'Italia (e forse anche dall'estero) per urlare al mondo la propria fede, per stringersi attorno e abbracciare tutta la grande famiglia nerazzurra, ed entrare così nella sua storia leggendaria. Fu durante quei momenti che mi resi davvero conto di che cosa significa portare la fascia al braccio, cosa significa essere capitano di uno dei più importanti club al mondo. Una forte responsabilità, ma soprattutto un grande onore, un privilegio concesso soltanto a pochissimi eletti. Se il destino ha una sua logica, penso non sia stato solo un caso che il capitano del centenario fossi io, un argentino, uno straniero. Nel suo nome completo, Internazionale, è scritta la filosofia della società: una società che non ha confini, che è nata per «permettere a tutti, italiani e stranieri, di giocare a calcio sotto la stessa bandiera nerazzurra».

Quella sera fu un autentico tuffo nella memoria. Ho visto passare la storia davanti ai miei occhi. A San Siro arrivarono decine di ex calciatori, vecchi compagni di squadra che non vedevo tempo, bandiere del passato, autentici miti. Tra questi il mio personale, il giocatore per il quale stravedevo da ragazzino: Lothar Matthäus. Avevo già avuto occasione di scambiare quattro chiacchiere con lui qualche anno prima, alla festa organizzata dalla Fifa per i cent'anni dell'associazione, ma l'incontro di San Siro fu qualcosa di speciale. Si erano quasi capovolti i ruoli: adesso era lui lo «spettatore» e io il protagonista. Una sensazione strana e al tempo stesso eccitante vedere tutti i grandi calciatori del passato che mi cercavano per stringermi la mano, facendomi i complimenti e spronandomi a dare sempre il meglio per l'Inter. Quella fu anche la grande occasione per riabbracciare vecchi amici, tanti compagni che nel corso degli anni avevano contribuito alla storia dell'Inter e che poi il destino aveva portato altrove. Rivedere i simboli della Grande Inter – Mazzola, Corso, Burgnich e tutti gli altri –, quelli che negli anni Sessanta rivaleggiavano contro il «mio» Independiente, o i grandi tedeschi degli anni Ottanta e Novanta, i vari Rummenigge, Brehme e Klinsmann, mi fece una certa impressione. Ero il capitano, ma di fronte a leggende del genere mi sentivo quasi smarrito, come se non mi rendessi conto di tutta la strada che avevo fatto per arrivare a indossare quella fascia. Ovviamente per me fu un piacere enorme ritrovare Roberto Baggio e Iván Zamorano, ma anche tutti gli altri ex compagni di squadra, da Nicola Berti a Gianluca Pagliuca: è stata la riunione di una grande e meravigliosa famiglia, tornata per una notte a rivivere la stessa antica passione.

Capitano e gentiluomo

Grazie alle celebrazioni del centenario ho potuto realizzare anche un altro mio sogno: incontrare il Papa. Da cattolico quale sono, è stato un momento davvero toccante, aspettato da anni, e giunto proprio in uno dei periodi più felici della mia carriera e della mia storia con l'Inter. L'occasione arrivò durante una trasferta a Roma per giocare una partita di Coppa Italia. In qualità di capitano ho avuto l'onore di consegnare personalmente al pontefice la maglia nerazzurra con la scritta Benedetto XVI, durante un'udienza in Vaticano organizzata proprio per il nostro centenario. Furono solo pochi istanti, ma di un'intensità e di un'emozione senza eguali.

L'anno del centenario fu speciale anche per quanto eravamo riusciti a seminare la stagione precedente, quella del primo scudetto vinto sul campo. Lo sconquasso provocato da Calciopoli aveva ridisegnato la fisionomia del calcio italiano. Con la Juventus in Serie B e il Milan penalizzato di otto punti, tutti, inevitabilmente, vedevano l'Inter come la grande favorita. Anzi, non solo eravamo avvantaggiati, eravamo obbligati a vincere quello scudetto. In estate la squadra era stata rafforzata con campioni del calibro di Zlatan Ibrahimović, Patrick Vieira, Maicon, Hernán Crespo (per lui si trattava di un ritorno dopo due anni passati altrove), Maxwell e il neo campione del mondo Fabio Grosso. Non avevamo più alibi: le nostre rivali storiche non c'erano e potevamo contare su una squadra di primissimo livello. Tutti gli occhi, di stampa e tifosi, erano puntati su di noi. Ma vincere non bastava, bisognava stravincere. E come sempre eravamo soli, soli contro una buona parte della critica che considerava quel campionato troppo facile, come se fosse nostra la colpa di penalizzazioni o retrocessioni a carico delle altre squadre. Certe critiche poi raggiunsero il culmine. Ci chiamavano, irridendoci, «la banda degli onesti», come se l'onestà dell'Inter, emersa nei processi dell'estate, fosse una colpa anziché un merito. Anche per tali motivi giocammo ogni partita, dalla prima all'ultima, al massimo delle nostre potenzialità, senza risparmiarci mai, provando sempre a migliorarci e a raggiungere ogni volta un nuovo primato. Non a caso oggi quella squadra, insieme alla formazione che vinse lo scudetto nel 1989, viene ricordata come l'Inter dei record. Dovrei consultare l'almanacco per ricordare tutti i primati che frantumammo nel corso di quel campionato. I 97 punti finali, le 17 vittorie consecutive, le 33 partite di fila senza sconfitte. Non ci fu in pratica mai alcun dubbio sull'assegnazione di quello scudetto: mi si passi l'immodestia, ma quell'anno nessuna squadra poteva competere con noi. La Roma fu un degno avversario, tuttavia il nostro ruolino di marcia si rivelò troppo superiore. Anche il Milan, già penalizzato in classifica, poté poco o nulla contro di noi, e da entrambi i derby uscimmo vincitori. La prima vittoria fu spettacolare: un 4-3 che non ci rese completa giustizia. Se Marco Materazzi, uno dei grandi protagonisti di quel campionato, non fosse stato espulso con troppa severità quando eravamo sul 4-1, sono convinto che il risultato sarebbe potuto essere decisamente più pingue. Dal punto di vista personale, credo che quell'annata sia stata una svolta per la mia carriera: dopo anni passati a fare su e giù sulla fascia, Mancini mi ripropose nel ruolo di centrocampista, già sperimentato anni prima con Hodgson. Una posizione meno dispendiosa a livello fisico, ma nella quale bisogna usare maggiormente la testa, essere più attenti nel leggere la partita e le situazioni di gioco. Penso che il nuovo ruolo mi abbia in un certo senso allungato la vita, calcisticamente parlando. Ora mi sento un centrocampista a tutti gli effetti, anche se quando c'è da tappare un buco sono sempre il più gettonato. Manca il terzino sinistro e gioco a sinistra, manca qualcuno a destra e gioco a destra: per me non è un problema, anzi, è una soddisfazione sapere che gli allenatori hanno sempre fiducia in me, che posso rendermi utile alla causa in diversi modi.

Il fatto di dover dimostrare a tutta Italia che eravamo la squadra più forte e la brama continua di nuovi record probabilmente ci penalizzò in campo europeo, dove arrivò l'eliminazione a opera del Valencia: ancora due pareggi fatali, l'ultimo dei quali, in trasferta, finito con la triste rissa in campo scatenata dalla provocazione dello spagnolo Navarro nei confronti di Burdisso. Fu una delusione, sebbene il nostro obiettivo primario, quell'anno, fosse vincere lo scudetto. Volevamo dare un seguito a quello vinto in estate a tavolino, e finalmente festeggiarlo in campo, insieme ai nostri tifosi. Il primo match-ball, a San Siro contro la Roma, andò a vuoto. Forse ci giocò un brutto scherzo la troppa tensione, oppure il fatto che il distacco era talmente ampio che anche un passo falso non avrebbe pregiudicato nulla. E infatti, una settimana dopo, il 22 aprile 2007, a Siena, ecco avverarsi il sogno tanto atteso. Due rigori trasformati da Materazzi ci spianano la vittoria; in concomitanza la Roma perde a Bergamo contro l'Atalanta. Campioni d'Italia. Finalmente siamo campioni d'Italia. Sul campo. Non succedeva da diciotto anni. Furono istanti magici, estatici. Tutte le attese e le sofferenze del passato spazzate via in un soffio. Vi lascio immaginare cosa accadde negli spogliatoi: una festa scatenata, tra bottiglie di champagne, scherzi, cori e inevitabili sfottò ai «cugini» milanisti e ai rivali juventini. Quel pomeriggio di Siena fu la nostra catarsi. La nostra rivincita. La nostra prima grande vera festa. La gioia di quello scudetto durò tutta notte. Una volta tornati a Milano, la società ci mise a disposizione un pullman a due piani per sfilare lungo le vie del centro della città. Eravamo talmente su di giri che dopo pochi minuti il tetto in plexiglas del mezzo fu divelto a furia di botte con le mani mentre impazzavano i festeggiamenti. Così facendo creammo una specie di terrazzo dove poter sporgerci e guardare dall'alto quella fiumana di persone senza fine che si spargeva a macchia d'olio. Non ho mai visto tanta gente in una volta sola. Nemmeno durante un derby, o durante una partita ai Mondiali. Il centro di Milano si era trasformato in una bolgia nerazzurra, il pullman avanzò a passo di lumaca fino in piazza del Duomo, dove davvero non c'era spazio neppure per uno spillo. Del resto quella era una vittoria che società, squadra e tifosi attendevano da tanto, troppo tempo. Ovunque un solo coro, «Inter, Inter», ovunque l'orgoglio di appartenere a un club unico, ovunque due colori, il nero e l'azzurro.

Ovviamente per critici e detrattori quello fu un semplice scudetto «di cartone», un titolo vinto per mancanza di avversari e via snocciolando tutto il repertorio dei commenti più gratuiti. In pochissimi, tifosi interisti a parte, riconobbero quanto quell'Inter fosse stata in realtà superiore a tutte le altre squadre. Credo fortemente che anche con la Serie A a ranghi completi quel titolo sarebbe stato nostro. Dal punto di vista fisico eravamo una squadra dal predominio devastante, e in più potevamo contare su campioni pronti a sacrificarsi per la causa. Da Ibrahimović a Stanković, da Figo a Crespo, da Cruz a Maicon, da Materazzi a Cambiasso.

L'anno seguente, stagione 2007-2008, fu quello della consacrazione. I «gufi» d'Italia ci aspettavano al varco, sperando in un nostro scivolone per far valere le loro teorie bislacche. La Serie A era tornata a ranghi compatti, con la promozione di squadre come Juventus, Napoli e Genoa. Si ripartiva tutti da zero. Stavolta nessun favoritismo, nessuna scorciatoia, nessuna corsia preferenziale. Eppure l'inizio assomigliò molto a quello dell'anno precedente: Inter in fuga e tutte le altre a rincorrere. Fino a marzo le cose andarono a gonfie vele, dopo di che una serie incredibile di infortuni a catena rallentò un po' la nostra corsa, mentre la Roma non mollava di un centimetro. Probabilmente la sfida decisiva fu proprio quella con i giallorossi, il 27 febbraio a San Siro. Stava iniziando il nostro periodo di declino, ma riuscimmo ugualmente a pareggiare la gara con i nostri antagonisti diretti. È uno dei miei ricordi più belli, perché il gol dell'1-1 finale, a una manciata di secondi dalla conclusione, lo segnai io, con una botta di destro dal limite dell'area. La sensazione fu, più o meno, la stessa provata a Parigi dieci anni prima. L'esultanza pure: cominciai a correre per il campo come un forsennato, incredulo (sono poco avvezzo a centrare la porta avversaria) per quella mia prodezza. Fu un gol fondamentale per tenere a distanza la Roma. Diventai «capitan scudetto», anche se la strada verso il titolo era ancora lunga e tortuosa. Proprio nei giorni del centenario arrivò infatti l'eliminazione dalla Champions League contro il Liverpool. Un'esclusione carica di rimpianti, e che inflisse un duro colpo allo spogliatoio. L'esternazione dopo l'incontro di ritorno di Roberto Mancini, che annunciò alla stampa che a fine stagione se ne sarebbe andato dall'Inter, segnò di fatto la conclusione di un ciclo. Rimanevano però diverse giornate di campionato, e soprattutto uno scudetto ancora da vincere. Non fu facile ritrovare la concentrazione dopo quegli eventi, ma nei due mesi finali emerse tutta la forza e tutto il carattere del gruppo. Invece di affondare, la nave diventò sempre più robusta. Pur tra problemi e infortuni riuscimmo a tenere a bada il tentativo di rimonta della Roma, anche se nelle ultimissime giornate ci complicammo non poco la vita. Prima la sconfitta nel derby, poi il pareggio casalingo con il Siena, nella gara che avrebbe potuto consegnarci aritmeticamente lo scudetto. Tutto rimandato all'ultima giornata, allo stadio Tardini di Parma, come nel 2002. Molti avevano evocato i fantasmi del 5 maggio, pronti a festeggiare una nuova nostra disfatta. Ma per fortuna la storia non sempre si ripete. Ciò che il destino toglie, poi il destino restituisce. Ne sono convinto. E così quel pomeriggio piovoso di maggio si trasformò in una nuova catarsi nerazzurra. Tutto accadde nella ripresa. Noi chiudiamo il primo tempo sullo 0-0, mentre la Roma vince a Catania. Così, con 45 minuti ancora da giocare, ci ritroviamo per la prima volta secondi in classifica dopo aver dominato il campionato. Altre nuvole si affacciano su di noi, altri spettri iniziano ad aleggiare sullo stadio, ma nel secondo tempo la storia cambia. Non ci facciamo assalire né dalla paura né dall'ansia. Entra in campo Ibrahimović e in pochi minuti spazza via gufi e fantasmi riaggiustando le cose con una doppietta: 2-0, i campioni d'Italia siamo ancora noi. Altro giro, altra gioia irrefrenabile, altra coppa alzata al cielo, altro fiume nerazzurro che ci scorta fino a San Siro dove si consuma l'ennesima festa. Non so dire quale dei due vinti in campo sia il mio scudetto preferito. Quello del 2007 è stato come il primo amore: incancellabile, indimenticabile; il secondo è stato da batticuore, una corsa emozionante fino all'ultimo secondo. Due storie diverse ma con lo stesso dolcissimo finale. E adesso che ho assaggiato il sapore della vittoria, non mi voglio più fermare.

Tutti insieme si può

Paula e io siamo i genitori adottivi di oltre centocinquanta bambini, ma da qualche anno abbiamo la fortuna di avere anche due figli tutti nostri: Sol, nata nel 2005, e il piccolo Ignacio, nato nel 2008. Sarà una semplice coincidenza, ma da quando ci sono loro l'Inter ha iniziato a vincere. Del resto i loro padrini al battesimo sono stati Iván Zamorano e Iván Córdoba: due grandi amici e due grandi interisti. Essere papà è l'esperienza più bella del mondo, l'amore per i figli è qualcosa di incommensurabile, che va oltre tutto e tutti. I miei bambini mi hanno riempito la vita, e me l'hanno cambiata radicalmente. In meglio. Adesso, oltre che quello dell'Inter, sono anche il loro capitano. È una responsabilità in più che ho accettato molto volentieri. Spero di essere una guida e un esempio, ciò significa che a volte devo essere capace pure di dire di no. L'affetto e l'amore non si misurano solo con i regali o le carezze: voglio che i miei figli crescano in un ambiente sano e che abbiano tutte le possibilità di scegliere, ma che capiscano anche che nella vita bisogna sempre darsi da fare per raggiungere degli obiettivi.

L'esperienza all'Inter mi ha insegnato molto in questi anni. È come vivere in una grande famiglia allargata, e come in tutte le famiglie capita che ci siano screzi e tensioni, ma alla fine ciò che conta davvero è il bene comune. Vado fiero del rispetto che mi sono guadagnato in questi anni, una cosa che non si raggiunge dall'oggi al domani. Quando ho sbagliato, l'ho sempre fatto in buona fede. Non sono mai stato un calcolatore. Penso di non aver mai anteposto i miei interessi a quelli della squadra. Perché ormai l'Inter è casa mia. «Sei arrivato che eri un bambino, ti abbiamo visto crescere» mi dicono sempre i miei amici magazzinieri, Paolo Vedovati e Claudio Rossi. Loro sono i nostri angeli custodi. Il complimento più bello che ricevo è quando mi confidano che nel corso di questi anni non sono cambiato. Nonostante la lunga militanza, penso e spero di essere rimasto la stessa persona che quindici anni fa si presentò con le scarpette da calcio infilate in una busta di plastica. Anche se uno porta la fascia al braccio, non deve mai dimenticare i valori con cui è cresciuto e soprattutto da dove è partito. Certo, il ruolo di capitano è una responsabilità in più: bisogna essere sempre presenti quando la squadra ha bisogno, essere una guida nei momenti difficili, un punto di riferimento per i compagni più giovani. Tutte cose che non mi pesano: è davvero un piacere sapere di rappresentare un punto d'appoggio per gli altri. L'unico vezzo che mi concedo nel mio ruolo sono le fasce colorate che sfoggio di volta in volta. Decido i disegni insieme al mio amico Federico Enrichetti, presidente dell'Inter club Milano Centro. Per ogni ricorrenza ne creiamo una nuova. Sono molto legato a quelle che riportano il logo della Fondazione e a quelle che hanno celebrato dei record speciali. Come la fascia progettata per le mie 600 partite con l'Inter: riportava tutti i nomi delle squadre che ho affrontato, formazioni piccole e grandi, italiane e straniere. E ovviamente non scorderò mai quella dedicata a Giacinto, il mio maestro, indossata dopo la sua scomparsa. «Tu sei tutto quello che...», recitava la frase. Facchetti rimarrà sempre l'esempio: anche adesso che l'ho superato come presenze, lui resta il simbolo della nostra Inter, e l'emblema del calcio come lo intendo io.

Un capitano deve essere guida in campo e fuori. Onestamente nella mia carriera non credo di aver mai litigato con nessun avversario né tantomeno insultato qualcuno. Non voglio passare per santo, ma sono così di carattere. Io gioco, do l'anima, ma non mi piace provocare né ricorrere ad astuzie particolari. In tutta la carriera ho subìto una sola espulsione, per altro piuttosto assurda, quando l'arbitro Braschi sventolò tre cartellini rossi in una volta sola, a me, Beppe Bergomi e Francesco Colonnese durante una partita di Coppa Italia contro il Parma nel lontano 1999. Peccato, ci avrei tenuto molto a finire la carriera con la «fedina» immacolata, ma pazienza, la mia correttezza in campo è comunque stata premiata in diverse occasioni. Nella mia bacheca spiccano i cinque San Siro Gentleman, il riconoscimento assegnato al giocatore che mostra il maggiore fair play in campo nelle partite disputate a Milano. Senza dimenticare altri premi come l'Altropallone, assegnato a chi si batte per uno sport solidale. Non vincerò mai il Pallone d'oro, ma questi premi per me hanno uguale valore.

Essere corretti non significa essere remissivi. La grinta è un'altra cosa. Si può essere grintosi e corretti al tempo stesso. Il motto che mi ha insegnato mio padre non l'ho mai dimenticato, anche adesso che ho sulle spalle anni di carriera. Voglio ancora vincere molto. Dopo tanta sfortuna ora la ruota sembra girare dalla nostra parte. Il calcio è una ruota. Non bisogna abbattersi quando le cose vanno male e neppure esaltarsi troppo quando si vince. L'ho capito quando, nell'agosto 2008, nell'ennesima finale di Supercoppa italiana giocata contro la Roma, ho sfatato il tabù dei rigori andando io stesso sul dischetto, e segnando il gol decisivo. Se anch'io sono riuscito a segnare un rigore, addirittura il rigore decisivo – io che nella mia carriera non ho mai calciato dagli undici metri se non in allenamento –, significa che il vento è cambiato.

Speriamo di aprire un nuovo ciclo anche con José Mourinho. È un grande allenatore, un tecnico molto preparato: spiega concetti in modo molto chiaro, e se deve dire qualcosa la dice senza mezzi termini. Io credo che questa Inter abbia ancora molto da dare e che, prima o poi, dopo aver conquistato l'Italia, riuscirà a conquistare anche l'Europa. Come sempre, cercherò di dare il mio contributo. Dopo di che spero di rimanere nella grande famiglia Inter. Non ho intenzione di diventare allenatore – è un mestiere troppo complicato – ma ci terrei a proseguire la mia carriera come dirigente. Mi piacerebbe mettere a frutto l'esperienza accumulata in questi anni sotto il profilo organizzativo. Lavorare per l'Inter a trecentosessanta gradi. Vedremo, per il momento non ho alcuna intenzione di appendere le scarpe al chiodo né di smettere di impegnarmi per chi ha bisogno.

Oltreoceano, tra le pieghe della miseria, ci sono sempre Gisela, Augustina, Martín, Nazarena e tutti gli altri che contano su di me. Su di noi. Prendere coscienza del fatto che l'aiuto di tutti, nessuno escluso, è indispensabile per migliorare le cose è il primo passo verso un mondo più giusto.

Se lo vogliamo davvero, se ci crediamo realmente e remiamo dalla stessa parte, come una vera squadra, tutti insieme si può.

questo è il bello del calcio, sono queste le sensazioni e le emozioni che danno la spinta per continuare a lottare e a dare il meglio di se stessi.

Con José Mourinho è iniziato un nuovo ciclo. Dopo lo scudetto del 2009, il mio quarto consecutivo, la squadra è diventata ancora più matura. Ma tutti, dal presidente ai magazzinieri, volevamo di più. Non ci bastava essere forti solo in Italia, volevamo dimostrare al mondo – e soprattutto a noi stessi – che questa formazione possedeva i crismi per diventare grande a ogni latitudine. Nessuna ossessione: semplicemente un sogno da costruire giorno per giorno, con l'aiuto di ogni singolo componente del gruppo. È solo così che si va avanti nel calcio: con la forza di squadra, con lo spirito di abnegazione. Perché oltre i sacrifici, gli allenamenti, le trasferte, le tensioni, c'è un premio: una storia da scrivere, e da ricordare per sempre.

Per molti di noi – me compreso – sarebbe stata probabilmente l'ultima occasione. L'età non perdona, e anche se la gente pensa che io sia l'uomo bionico, bisogna essere realisti: ancora due, tre, chissà, quattro anni, ma poi pure io dovrò rassegnarmi all'idea di appendere le scarpette al chiodo. I sogni, invece, non hanno età. E noi abbiamo sognato, credendo però fortemente nel nostro sogno. Già la scorsa estate, durante il ritiro, avevamo intuito che questo sarebbe stato un anno memorabile. Nonostante la partenza di Ibra, il nostro giocatore più rappresentativo, la società ha allestito una squadra ancora più forte. Sono arrivati altri campioni: Milito, Sneijder, Eto'o, Lucio, Thiago Motta, Pandev. Tanti giocatori nuovi, ma con in testa un

Un anno da ricordare

Non si finisce mai di imparare, e di stupirsi. Nemmeno a 36 anni suonati, quando ormai sei convinto di averle provate e passate tutte su un campo di calcio. L'ho già scritto, ma lo ripeto: la ruota gira. La squadra che non vinceva mai, «la barzelletta d'Italia» come ironizzava qualcuno, nel giro di pochi anni è diventata una delle formazioni più forti d'Europa e del mondo. Io ci ho sempre creduto, anche quando tutto andava storto, anche quando sopra i nostri colori sembrava aleggiasse una subdola maledizione. Il lavoro paga, sempre. È il mio motto. Fin dal mio arrivo all'Inter ho cercato di metterlo in pratica: perché puoi avere il talento di Maradona, ma se non c'è applicazione, se ogni giorno non ci metti passione e impegno non si arriva da nessuna parte. I miei sforzi, quelli della società e quelli dei miei compagni sono stati ripagati, quest'anno, la stagione che ogni calciatore sogna: arrivare in fondo a ogni competizione, essere lì a giocarsela fino all'ultimo respiro. Adrenalina a mille, senza un momento per tirare il fiato, sempre sul filo del rasoio. Ma solo obiettivo: arrivare fino in fondo. In ogni competizione, senza preferenze. Tutti, dal primo all'ultimo, si sono applicati per un obiettivo comune. Abbiamo cambiato tipo di gioco: più manovrato, più tecnico, con più soluzioni offensive. E presto ci siamo tolti le nostre soddisfazioni. Il 4-0 inflitto al Milan nel derby d'agosto ci ha dato la consapevolezza di essere ancora più forti, così come le prime vittorie in Champions League. A un certo punto della stagione abbiamo raggiunto una struttura tale da sentirci quasi invincibili. L'Inter più forte in cui abbia mai giocato – lo posso dire senza ombra di dubbio – con campioni disposti a sacrificarsi in nome del gruppo, a diventare terzini all'occasione per il bene della squadra. Io, come sempre e con grande piacere, ho giocato ovunque: terzino destro, terzino sinistro, centrocampista centrale, centrocampista esterno. Ogni ruolo va bene pur di essere utile al gruppo. Ho superato le 500 presenze in Serie A, anche se purtroppo il mio record di 137 partite consecutive si è interrotto a causa di una squalifica per somma di ammonizioni: poco male, una giornata di riposo credo di essermela anche meritata.

La svolta della stagione è stata la partita di Londra contro il Chelsea, gara di ritorno degli ottavi di finale di Champions League. Ci sarebbe bastato uno 0-0 per qualificarci, ma rimanere 90 minuti in difesa sarebbe stato troppo pericoloso. E allora ce la siamo giocata, a viso aperto, senza paura, convinti della nostra forza. E ci siamo riusciti: dopo quattro eliminazioni consecutive agli ottavi, abbiamo sfatato il tabù, vincendo in trasferta contro una delle squadre migliori del continente. Di lì in avanti è stata una cavalcata. Non abbiamo mollato nulla, e solo chi fa il calciatore può capire quanto sia difficile tenere sempre altissima la concentrazione senza possibilità di sbagliare. Ovunque, in ogni competizione, sempre e solo Inter: l'appassionante duello con la Roma in campionato fino all'ultima giornata, la vittoria in Coppa Italia sempre contro i giallorossi, e poi il magico cammino in Champions, le epiche sfide con il Barcellona e poi la finalissima di Madrid contro il Bayern Monaco, dopo 38 anni che l'Inter non riusciva nell'impresa. Le partite che ho sempre sognato di giocare, fin da bambino.

Il resto è storia.

E se tra vincere o perdere c'è una bella differenza, credo che la cosa davvero importante sia aver dato il massimo ed essere arrivati sempre fino in fondo, senza mollare mai.

Sono sicuro che anche i miei bambini al di là dell'Oceano la pensano così.

Indice

Martín 7

L'Inter: segni premonitori 11
¡Viva el fútbol! 17
Costruire una casa, costruire un futuro 23
El Tractor 29
A Milano con l'Avioncito 35
Giacinto 41
Fuga per la vittoria: i primi anni in nerazzurro 47
Intersolidale 53
Parigi, 6 maggio 1998 59
I muscoli del capitano 65
C'è solo l'Inter 73
A un passo dal sogno 77
Il capitano dei Pupi 85
Io sono interista 97
Italiani d'Argentina, argentini d'Italia 105

La Selección	111
Il capitano del centenario	121
Tutti insieme si può	131
Un anno da ricordare	137